现代钱币收藏与投资

（第三版）

孙克勤 ⊙ 主编

上海科学技术出版社

图书在版编目（CIP）数据

现代钱币收藏与投资 / 孙克勤主编. -- 3版. -- 上海：上海科学技术出版社，2021.12
  ISBN 978-7-5478-5563-8

Ⅰ. ①现… Ⅱ. ①孙… Ⅲ. ①货币－收藏－基本知识－中国②货币－投资－基本知识－中国 Ⅳ. ①G262.2

中国版本图书馆CIP数据核字(2021)第241573号

现代钱币收藏与投资（第三版）
孙克勤　主编

上海世纪出版（集团）有限公司
上海科学技术出版社　出版、发行
(上海市闵行区号景路159弄A座9F-10F)
邮政编码 201101　www.sstp.cn

上海中华商务联合印刷有限公司印刷
开本 890×1240　1/32　印张 6.75　插页 4
字数：225 千字
2014 年 10 月第 1 版
2021 年 12 月第 3 版　2021 年 12 月第 1 次印刷
ISBN 978-7-5478-5563-8/G·1085
定价：88.00 元

本书如有缺页、错装或坏损等严重质量问题，
请向承印厂联系调换

主要作者简介

孙克勤：北京市钱币学会常务理事，现代钱币网学术总监，PCGS中国专家顾问，全联民间文物艺术品商会理事、钱币委员会执行副会长。著有《中国精制普通纪念币图录》《中国普通纪念币珍品图录》《中国现代流通硬币标准目录》《钱币鉴定与评级 PCGS 官方指南》。

杨松林：上海市钱币学会会员，上海金币沙龙秘书长，现代钱币网金银币栏目版主，学术委员会委员，律师。在金银币，特别是"老精稀"的收藏与研究领域上有一定造诣。对金银币比价原则以及珍稀金银币实铸量等方面有深入研究。在《理财周刊》《钱币》报等专业杂志报纸发表多篇文章，多次接受媒体采访。

李皞瑜：上海市钱币学会会员，全联民间文物艺术品商会鉴定评估工作委员会委员（钱币方向），上海市收藏协会大铜章专业委员会副主任，现代钱币网多个板块的版主、学术委员会委员、首届现代钱币收藏杰出贡献奖获得者，PCGS中国专家顾问。著有《中国现代铜质币形章图典》，对币章收藏文化的推广和传播影响深远。

王金锋：河北省邯郸市收藏协会副理事长，现代钱币网学术委员会委员，纸币专家，从事收藏三十多年，对人民币纸币有深入研究，特别是对纸币鉴定评级有丰富的经验和独到的见解。

编委会

主　编
孙克勤

副主编
杨松林　李皞瑜　王金锋

编委会委员
（按姓氏笔画排序）
王卫华　王金锋　孙克勤　李皞瑜
杨　平　杨松林　周　轶　顾朝辉

前言

本书 2014 年 10 月出版第一版,经过三次印刷,2018 年 6 月出版第二版,深受读者欢迎。现代钱币收藏的发展日新月异,收藏者和经营者在不断地创造价值,他们在收藏与经营的同时,不断发现新的玩法,这些新玩法又有理论做支撑,所以和几年前相比,钱币的价值判断出现了新的标准。我们与时俱进,决定重新组织写作团队,对现代钱币重新梳理,虽然书名不变,但内容全面更新,写作整体架构重新设计。

本书的"现代钱币"专指 1948 年 12 月 1 日中国人民银行成立以后所发行的货币,截止到目前,总共发行了五套人民币。从第二套人民币开始,发行纸币的同时发行硬币。中国人民银行从 1979 年开始发行贵金属币,主要是为了收藏与礼品馈赠,出口创汇。从 1984 年开始,发行流通纪念币,主要是宣传纪念主题,参与流通。造币厂为了试验造币工艺、纪念有意义的事件,还铸造了一些纪念章,虽然没有面值,不是货币,但与货币相关,采用造币工艺,代表了当时的铸造水平,也具有一定的收藏价值。

现代钱币由于铸造印制工艺水平高,防伪能力强,艺术欣赏价值高,而广受收藏者欢迎,是目前钱币收藏最为普及的版块,随着一些现代钱币逐步退出流通,进入收藏领域,其投资价值也在逐步显现。

现代钱币网致力于现代钱币的研究，集中了一大批国内顶尖的专家学者，他们站在学术与交流的前沿，具有一定的影响力。网站成立以来，发表了几千篇高水平的原创学术文章，对当前的热点问题进行深入研究，得到了众多泉友的热烈响应。本书重点讲述现代钱币的收藏与投资理论及方法，分四个板块，由现代钱币网学术委员会的四位专家委员执笔，孙克勤编写流通硬币篇，杨松林编写金银币篇，李皞瑜编写章牌篇，王金锋编写纸币篇。各自的书稿完成以后，孙克勤进行了系统整理，由顾朝晖、王卫华、周轶、杨平进行校对，因此本书的结集出版，是现代钱币网集体智慧的结晶。

编委会

目录

流通硬币篇

第一章 普通流通硬币 ·· 2
  第一节 套装流通硬币 ······································ 2
  第二节 硬分币与长城币 ···································· 11
  第三节 上呈样币 ·· 28
  第四节 钱币行情分析 ······································ 29

第二章 普通纪念币 ·· 34
  第一节 综述 ·· 34
  第二节 早期普通纪念币 ···································· 37
  第三节 后期普通纪念币 ···································· 53

金银币篇

第一章 金银币概述 ·· 70
  第一节 金银币发行历史概况 ································ 70
  第二节 国内金银币市场的发展 ······························ 74
  第三节 "老精稀"与"新精品" ······························ 76
  第四节 实铸量与存世量 ···································· 77

第二章 金银币价值探析 ······································ 79
  第一节 比价原则概述 ······································ 79
  第二节 比价原则适用的限制与"相对珍稀度" ················ 79
  第三节 比价原则适用实例 ·································· 81

第三章　金银币交易渠道发掘 ·········· 82
第一节　交易渠道简述 ·········· 82
第二节　实体交易渠道 ·········· 83
第三节　网络交易渠道 ·········· 84

第四章　金银币收藏群体与知名钱币展会 ·· 85
第一节　学术研究与爱好者组织 ·········· 85
第二节　知名钱币展会 ·········· 86

第五章　金银币评级及样币 ·········· 88
第一节　金银币评级现状 ·········· 88
第二节　评级与品相的关系 ·········· 90
第三节　金银币样币的收藏 ·········· 92

第六章　金银币收藏与投资理念 ·········· 94
第一节　收藏与投资的关系 ·········· 94
第二节　理性投资观念的树立 ·········· 94
第三节　精品意识的确立 ·········· 95

第七章　金银币新手入门及藏家进阶 ·········· 96
第一节　新手入门的第一课 ·········· 96
第二节　入门的绝佳品种——熊猫金银币 ·········· 96
第三节　藏家进阶之路 ·········· 97

第四节　顶级藏家探秘 …………………… 98

章牌篇
第一章　麦朵尔（Medal）的起源 …………… 102
第二章　章的制作工艺 …………………… 109
第三章　章中的样章 ……………………… 120
第四章　章中的版别、再版、"超生"、假章 ……… 128
第五章　影响章价格的多种因素…………… 143
第六章　如何选择章的收藏品种…………… 149
第七章　介绍国内章的书…………………… 155

纸币篇
第一章　人民币纸币 ……………………… 160
　第一节　中国人民银行和人民币 ………… 160
　第二节　第一套人民币 …………………… 161
　第三节　第二套人民币 …………………… 165
　第四节　第三套人民币 …………………… 169
　第五节　第四套人民币 …………………… 174
　第六节　纪念钞 …………………………… 182

第七节 连体钞	……………………………	185
第二章 人民币纸币收藏与投资	……………………	194
第一节 人民币纸币收藏与投资	……………………	194
第二节 人民币纸币的品相和保存	…………………	200
第三节 人民币纸币评级	………………………………	202

现代钱币收藏与投资

流通硬币篇

  中国流通硬币，从发行目的上说分为两种。一种是普通流通硬币，从1955年开始铸造，1957年开始伴随第二套人民币纸币发行，先后发行了4套普通流通硬币，发行的目的是流通使用。另一种是普通纪念币，也叫流通纪念币，从1984年开始铸造发行，发行的目的除了流通以外，还有宣传与纪念意义，丰富了中国流通硬币的文化内涵。因此，中国流通硬币已经是一个丰富多彩的大家族，按照现在的版别划分理论，已经有600多个版别品种可以收藏，读者如想了解中国流通硬币的基础知识，可以参照已经出版发行的《中国现代流通硬币标准目录》，本篇主要讲解流通硬币的收藏方法与投资理论。

第一章　普通流通硬币

普通流通硬币伴随纸币发行，作为辅币参与市场流通，每年的总发行量一般是数以亿计，数量庞大，具有广泛的收藏基础，几乎每家的储钱罐、抽屉里都有存储。依据物以稀为贵的收藏原则，经过流通的硬币数量庞大，难以达到品种珍稀的要求，但早期分币和长城币未流通品相的硬币较少，有些品种非常少，收藏者普遍有追求"完美"、"精美"的收藏心理，因此，未流通品相成为流通硬币的收藏目标，"品相珍稀"是如今收藏流通硬币的一种重要方式。

图 1-1　未流通的 1955 年 1 分硬币

本章主要讲套装流通硬币、硬分币、长城币和上呈样币，1991 版老三花币在后期套装流通硬币中讲述，不再单独列出，1999 版新三花币目前正在流通，本书暂不涉及。

第一节　套装流通硬币

套装流通硬币是改革开放的产物。为了加强国际合作与交流，中国人民银行从 1979 年开始，装帧和发行了部分年份的套装流通硬币。这些套装币，除了 1991 年普制套币以外，都含有一枚或几枚没有真正投入流通使用的品种，还有的虽投入流通，但版别不同。由于装帧数量有限，有的品种数量很少，是名副其实的"品种珍稀"，再加上制作精美，很多年份的套币已经成为了中国流通硬币的精品或珍品，深受收藏者喜爱。特别是现代钱币网自2016年开始举办春秋大拍以后，套装流通硬币价格不断创出新高，从而逐步扩大了影响，吸引了众多现代金银币和近代机制币藏家的关注，随着价格不断提高，其收藏地位与档次不断提升，走向良性发展轨道。

套装币的分类及珍稀度

套装币在现代钱币网经常性地大量拍卖，拍卖价格已经成为一个风向标，包括国外的很多币商都了解现代钱币网的价格。但当大家搜索历史拍卖价格时，却发现很难搜索完整数据，因为钱币名称基本都是卖家自己命名，不够规范，拿1980年套币来说，有人叫1980年套币，有人叫"80蓝本"，还有人叫"80套装币"，所以迫切需要给每个品种规定一个编号，拍卖历史记录可以按照编号搜索，有利于大数据的使用。

编号原则与《中国现代流通硬币标准目录》相同，第一个字母大写T代表套装，其后的两位数字代表年份，如果其后有小写字母则代表版别，小写字母后面有数字就代表细分版别。

套装流通硬币发行明细

品种	编号	发行量（套）	珍稀度
1979年套币	T79	10 000	★★★
1980年套币	T80a	80 000	★★
1980年样币	T80c	20 000	★★★★
1981年普制套币	T81a		★★★★
1981年精制套币	T81b	19 500	★★★
1982年精制套币	T82	21 538	★★★
1983年普制套币	T83a		★
1983年精制套币	T83b	41 050	★★
1984年沈阳版	T84b1	5 750	★★★★
1984年上海版	T84b2		★★★★
1984年寇波版	T84b3	计入沈阳版数量	★★★★★
1985年精制套币	T85b	4 825	★★★★
1986年精制套币	T86b	660	★★★★★
1991年普制套币	T91a	18万	★
1991年精制套币	T91b	20 000	★★
1992年普制套币	T92a	92 000	★★
1992年精制套币	T92b	13.2万	★★

(续表)

品种	编号	发行量（套）	珍稀度
1993–1996 年普制套币	T93a–T96a	28 万	★
1993–1996 年精制套币	T93b–T96b	20 000	★★
1997–2000 年普制套币	T97a–T00a	30 万	★
1997–2000 年精制套币	T97b–T00b	20 000	★★

早期套装流通硬币的热点

套装流通硬币是中国流通币的精华，像常青树一样历来深受欢迎，由于"801"最近两年火爆，因此1980年小黑本以及1980年黑本、蓝本成为热点，交易活跃，特别是圆币带彩的（见图1-2），价格超越1981、1982、1983年甚至1984年和1985年套币，让很多老藏家感到意外。

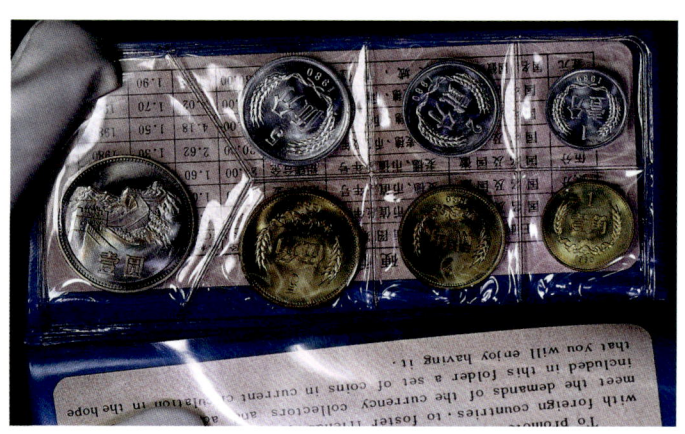

图 1-2 带彩的 1980 年套装

以前大家买1980年套币，重点是看分币的品相，2分和5分是整套钱币的价值重心，早年还出现过1980年剪圆版，那时从国外寄回钱币是嫌圆币太重，为了减轻重量把壹圆剪下来不邮寄，也就是说减轻重量后节省的邮费高于壹圆币的价值，现在看都是历史了。

时代不同了，现在正好相反，大家看1980年套币的品相，主要看壹圆，分币、角币几乎不看，壹圆的包浆、痕迹基本决定了整套币的价值，由于圆币不同品相与包浆的价格相差悬殊，因此，1980年套装币在同一次拍卖中出现了价格相差几倍的情况。

随着 11M 套装评级（见图 1-3）的兴起，11M 套装评级逐步成为现代钱币网春秋大拍的主角，这种套装评估比较适合网络拍卖。很多藏家没有时间看预展，有的即便看预展也不会看品相，通过看评估报告了解钱币的品相，觉得更为方便实用。现在已经形成 11M 套装评级的价格体系。

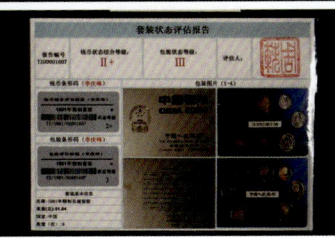

图 1-3　11M 套装评级及评估报告

现代钱币网根据会员的要求，开展了原状态送评。很多氧化不太严重的套装币，或者带有原始均匀彩色包浆的钱币，会员均要求原状态送评。现代钱币网的专家团根据包装的状态，钱币的状态，先判断是否改动过，一旦确认为原状态，就亲自打开原始包装，进行无养护送评。评级完成后，输入评级数据，会员可以在现代钱币网查询原状态评级数据（见图 1-4）及根据 PCGS 和 NGC 的评级编号查询是否为原状态评级，为喜欢收藏原状态钱币的泉友提供了可靠的依据。

品种编号	描述	评级公司	不推荐评级	62	63	64	65	66	67	68	69	70	总数
J34b1	1995年金丝猴精制币	PCGS	21	-	-	-	-	25	139	384	82	-	651
		NGC	7	-	-	-	-	13	76	79	3	-	178
J34b2	1995年金丝猴精制币礼品装	PCGS	-	-	-	-	-	-	3	11	1	-	15
		NGC	-	-	-	-	-	1	-	-	-	-	1
J35b	1996年朱德精制币	PCGS	13	-	-	-	2	32	19	4	-	-	70
		NGC	-	-	-	-	-	5	34	18	-	-	57
J36b1	1996年白鳍豚精制币	PCGS	-	-	-	-	-	2	46	79	17	-	144
		NGC	-	-	-	-	-	-	7	10	1	-	18
J36b2	1996年白鳍豚精制币礼品装	PCGS	-	-	-	-	-	-	1	1	1	-	3
		NGC	-	-	-	-	-	-	-	-	-	-	-
J36b3	1996年白鳍豚精制币(双砂版)	PCGS	-	-	-	-	-	1	21	70	8	-	100
		NGC	-	-	-	-	-	-	-	-	-	-	-
J37b1	1996年华南虎精制币	PCGS	11	-	-	-	-	27	43	5	-	-	86
		NGC	-	-	-	-	-	7	4	4	-	-	15

图 1-4　在现代钱币网上查询原状态钱币评级数据

图 1-5　添加"原状态"标志的 PCGS 评级币

PCGS 评级公司非常支持现代钱币网的原状态送评,特意在标签的右下角加了一个标志,灰色圆圈套橙色圆点(见图 1-5),圆代表"原",同时这个标志是现代钱币网标志的一部分。

通过原状态评级,现代钱币网发现 1981 年精制壹圆的原始雾状包浆在送评过程中可以部分挥发,有时大部分雾状挥发掉了,令人喜出望外。这种自然的挥发,当然比化学去除要好,更加自然,因此出现了 68 分原状态钱币的价格大大超过 69 分白币的情况。

图 1-6　雾状包浆自然挥发掉的 1981 年精制壹圆

图1-6左侧为送评前留档图,右侧为评级后图,对比可见大部分雾状氧化已挥发掉了。

1981年普制套装币中的壹圆,国徽面右下方靠近币缘处有三个小三角,不需要放大镜就清晰可见,但具体是否每一本都是这种情况,以及非装帧的卷币是否有这种情况尚未完全考证,因此暂不分版别,但实际拍卖价格已经出现明显差异,分版别也许只是时间问题。

图1-7　币缘处的三个小三角

对于长城币收藏爱好者来说,1982年精制套币是必不可少的,普制币没有发行1982年年号,只能买精制币,这有点类似于硬分币中的天王币。另外,1982年套币由上海造币厂生产,整体非常漂亮,虽不热门,但对于收藏来说必不可少。

1983年精制套币除了正常用于出口的包装以外,还有白本和红本两种包装,目前所见,后两种包装中的壹圆精制币闪光性损伤极少,是初铸还是不同模具生产待考,值得关注。

1984年精制长城套币由沈阳和上海两家造币厂铸造,有三种版别我们分别命名为沈阳版、上海版和寇波版,目前所见数量前者最多,中间次之,后者最少。版别的区别方法见《中国现代流通硬币标准目录》,这里省略。

大家注意到1984年沈阳版中的壹圆有轻喷砂和重喷砂(见图1-8,

图1-8　1984年沈阳版精制壹圆的轻喷砂和重喷砂

左轻右重），重喷砂明显漂亮，最近两年在现代钱币网拍卖中两种喷砂币的价格也在拉开差距。

1984年上海版最近两年在现代钱币网的拍卖中数量明显减少，价格一直坚挺，这个版别的角币氧化较重，全套好品相的价格很高。

最近两年，日本回流了一些1984年寇波版，大家发现角币为上海版，圆币和分币为寇波版，因此，收藏配套的需要致使"寇波"角币价格明显上涨。有人说这种混配只来自日本，当初用于大阪钱币展，待考。

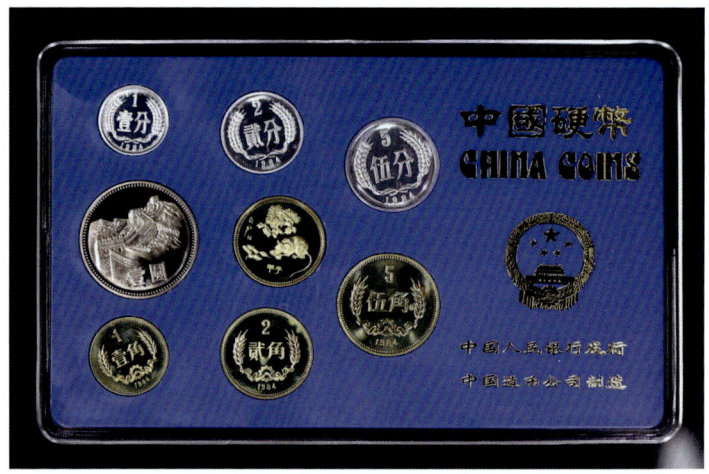

图1-9　寇波版与上海版混装的1984年套币

1985年精制套币价值的重心是壹圆和贰角，壹圆为主币，主币通常是套币的老大，但1985年壹圆难评高分，买评级币68分和67分就足够收藏。1985年贰角由于没有生产普制币，只有精制币一个版别，所以受到更多人重点收藏。从整套来说，4 000多的发行量，对于流通币来说是小数量，越来越值得收藏与投资。

1986年套装流通硬币是整个装帧套币系列的币筋，大珍。660套的铸造量让收藏者心里踏实，最多有660人拥有整套，拥有就是自豪的。价格坚挺，特别是原状态的1986年带彩色包浆的壹圆币极受买家追捧，整套拍卖价格多次到达40万~50万元，成为名副其实的大珍品。

1986年套币和精制中华人民共和国成立40周年纪念币（俗称"大40"），一个是普通流通硬币的币王，一个是普通纪念币的币王，他们是整个流通币的代表，名气越来越大，很多收藏金银币的、机制币的、纸币的想了解行情，都是这样问我："86"多少钱了？精制"大40"多少钱了？由此可见，他们的价格关系到流通币板块的地位与未来。

相对于1980年套币的价格，其他年份的精制套装都显得便宜，也许这就是机会所在。

评级币成为早期套装流通硬币交易主流

早期套装流通硬币由于发行了40年的时间，很多出现了氧化现象，特别是黄铜角币，氧化比较普遍，有的还出现了较为严重的氧化。正是氧化的原因，使得长久以来交易不畅，收藏者以品相论价，经常带来买家和卖家对品相的争议，在网上交易不畅，退货现象时有发生，影响了藏品的流动性，也打击了买家的收藏信心。

评级币的推广在一定程度上解决了交易不畅的问题，由于评级机构属于第三方认证，在一定程度上解决了买家和卖家对于品相的争议，使得卖家对品相的描述也更加简单，促进了网上的交易，现代钱币网的拍卖栏目几乎每天都有多种长城套币的评级币成交，为买家提供了不同评级分数的评级币，收藏者根据自己的经济实力，选择自己的藏品，极大地推动了长城套币的流通交易，使得长城套币以评级币的方式进行了有效分散。另外，单枚交易使得单价大大降低，收藏者可以单枚购买，减轻了一次付款的压力，同时，分散购买也增加了买家的参与交易次数，从而提高了收藏的趣味性。

我会持续看好早期流通套币，因为她是中国钱币灿烂文化的重要组成部分，她的魅力不逊色于第一套人民币，我以前常把"86长城套币"和一版牧马、蒙古包和瞻德城对比，好品的牧马价格已经超过500万元，蒙古包的价格也超过了300万元，1986年长城套币是七币一章，未来评级币交易比例还会提高，一枚1986年壹圆的价格过百万也许只是时间问题。

后期套装流通硬币

早期套装币的红火，必然会引起后期套装流通币交易的活跃。随着价格的不断提高，评级公司评级费的不断降低，后期套装流通币也开始拆包装评级，目前现代网几乎每天都有大量的1991—2000硬币拍卖，评级也促进了后期流通套币的流动性。

后期套装流通硬币是指1991年至2000年流通套币，十个年份，分四组发行，其中1991年和1992年单独发行，1993至1996四年一组发行，1997至2000年四年一组发行。

后期流通套币分普制和精制两种版别，每个年份、版别的发行量在《中国现代流通硬币标准目录》中有详细的介绍。

普制套币最大的收藏价值，在于有27枚币没有进入流通领域，而只存在于装帧盒中，它们分别为：1992年1分、2分，1993年至1999年1分、2分、5分，2000年2分、5分、1角、1元。它们的发行量均在30万枚以内。

精制币仅存在于装帧盒中，所以后期精制流通硬币的每一枚收藏价值均较高，1992年精制套币的发行量大于普制套币，所以出现了少见的精制币价格低于对应的普制币价格，"物以稀为贵"的收藏法则又一次得到体现。

后期精制套币除了1992年以外，发行量都是20 000套，比起部分早期长城套币来说并不多，比1980年长城套币、1982年和1983年精制套币还要少，只是分散得不如早期套装币好而已。随着后期精制套币的逐步分散，收藏与投资价值会逐步显现，"物以稀为贵"的法则会自动地慢慢发力。

后期普制套币和1991—1996年精制流通套币的整体品相还不错，氧化问题不是交易的首要问题。1997—2000年精制套币由于精制5角的大量氧化问题，使得未氧化的5角成为稀缺品，很多人看好2000年的精制1角和1元，但现在价格最高的是高分原味5角。

图 1-10　2000 年精制 5 角

收藏与底蕴

有的泉友在市场强势时，喜欢买藏品，而市场转弱后，就不再关注市场，不再买东西，几个月也不去一次市场，甚至不上网，他们的关注点常随着热点变化，最终收到的藏品比较凌乱。还有的泉友不管是强势还是弱势，只要是自己喜欢的，就会买，完全是因为爱好才买东西，年复一年，日复一日，最终形成有一定规模的收藏。

前者主要是因为增值才买藏品，喜欢是次要的，后者是因为喜欢才买藏品，增值是次要的。然而，前者经常在高点买入或买到"垃圾"而被套，后者经常买到便宜的东西或精品，增值在不经意间完成。

收藏是文化，是讲究底蕴的，同时也是培养底蕴的，学会在弱市中购买钱币，在逆境中坚守，无论是收藏还是投资，都是制胜法宝。

第二节　硬分币与长城币

硬分币特别是早期硬分币侧重于品相收藏，因此钱币评级传入我国以后，逐步被收藏者认识，有些年份的分币比如 1961 年 2 分找不到好品相的，评级难度较大，评级以后的钱币溢价较高，出现了评级分币热点，但是后来 1961 年 2 分在市场上出现原卷原盒的，评级后出现较多高分，而收藏群体增长没有那么快，导致价格下滑，并拖累了五大天王分币与所有分币的市场行情，最近两年市场依然低迷。

其实早期硬分币出现原卷或者原盒都很正常，流通纪念币"建行"、长城币普制币都有大量原卷原盒，但价格并不低，主要还是硬分币的收藏群体太小，有的品种有一个原卷出现在市场就引起恐慌。还有一个原因是分币太常见，每家都有，数量太多，绝大多数人还没有形成品相珍稀的概念，更不了解分币还有品种珍稀。

其实在美国，分币收藏是最为热门的，热度超过了摩根银币，小孩子一般都是从林肯 1 美分开始收藏，按照年份形成系列。1 美分从 1909 年开始铸造，一直到现在，只在 1959 年换过一次背面图案，正面图案一直未变。1943 年、1944 年二战时期由于缺铜，铸造量少，一枚分币能拍到几万美元、十几万美元，1943 年 1 美分 PCGS AU58（评级编号 25510132）曾拍出 305 500 美元的高价。

图 1-11　拍出 30 多万美元高价的 1943 年 1 美分

硬分币是我国最为常见的货币，它曾经是使用频率最高的货币，在国民经济的发展中发挥了重要作用。20 世纪 80 年代初，由于商品经济的发展，硬分币严重短缺，中国人民银行采取了一系列的措施，增加硬分币的投放与回收，增加大城市的投放，为维护社会的稳定起到了很大作用。

我国的硬分币从 1955 年开始铸造，历史没有美国长，但我们有 1、2、5 分三种面值，按照面值和年份分品种的话，跟美国的一美分数量差不多，也是一个大系列，这个系列的收藏可以说是刚刚起步，未来的路很长。

硬分币有很多品种珍稀的币，早期装帧币中的分币除了"五大天王"以外，还有些精制分币相当稀少，后期装帧币中也有很多未投入流通的品种。另外还有很多品相珍稀的早期品种，比如 1955、1956、1957、1958、1959、1961、1963 年 1 分，1956、1959、1960、1961、1962、1963、1964 年 2 分，1955、1957 年 5 分等，这些好像对大多数收藏者来说都视而不见，原因也许是价格太低。历史在不断重演，只有价格高了以后，大家才认识到是好东西，涨价后都在回忆过去，怎么便宜的时候没买呀？都会想到当初有能力收藏全套硬分币。

长城币

长城币是我国发行的第二套流通硬币，属于第三套人民币，从1980年开始发行，1986年结束，只有7个年份，每个年份都有壹圆、伍角、贰角、壹角四种面值，分精制和普制两个基本版别，也是一个比较大的系列。

精制长城都是装帧套币发行，前面已经有总体论述，在此不再多叙。普制长城币只作流通使用，当初的铸造量不大，在20世纪80年代流通，50岁以上的人都有印象，有一定的群众基础，但由于造币成本的因素以及材料易腐蚀等原因，铸造时间不长，于2000年7月1日起退出了流通。

普制长城币与硬分币都参与了大量流通，收藏方法类似，都是追求品相珍稀，收藏的重心是未流通品。除了整卷整盒交易以外，单枚交易以评级币为主。

1980年壹圆（简称"801"）分有砖、无砖、精制、样币四个常见基本版别，这几年收藏者又进行了细分，把无砖版分成本拆和卷拆，把有砖版分成了二层有砖、三层小砖、四层小砖，丰富了收藏乐趣，价格也是逐步上涨，特别是经过11M再评级的"801"更是受到收藏家追捧。

《中国现代流通硬币标准目录》一书的版别划分都是基本版别，这本书的服务对象是普通收藏者，介绍基本知识，快速入门，不需要划分过细的版别，但是对于专业钱币工作者，细分版别是必要的。按照原光与浮雕细节差异，区分本拆和卷拆，区分几层砖，甚至区分不同的生产模具，都是专业钱币工作者必须做到的。PCGS为什么成为机制币评级的领导者，就是因为他们形成了强大的数据库，对不同模具的特征进行了区分，这是辨别真假的重要依据。随着早期分币和长城币价格的不断提升，造假者早晚会涉足这个领域，等假币泛滥了，那时再去研究，就可能把假币列入真币的数据库，现代币的健康发展将受到阻碍，所以我非常支持现代钱币网的会员对于现代钱币细节的微观研究，学习并记录大家的研究成果。

"801"价格的上涨，带动了"831"、"811"、"851"以及长城角币的价格上涨，普制长城币成为最近两年现代流通币最活跃的板块。

以下是现代钱币网总版主仲雨的两篇文章，他全面分析了"801"火爆的原因，供读者参考。

仔细分析 1980 年长城壹圆火爆的原因（一）

"当初的你看我不起，现在的我你高攀不起。"这本是一句酸到极致的句子，可确能贴切地形容我此时的心情。1980 年壹圆在中国现代流通硬币领域可以说是个非常普通的品种，但相信每个了解最近两年钱币市场的人，都见识到了其交易的火爆。

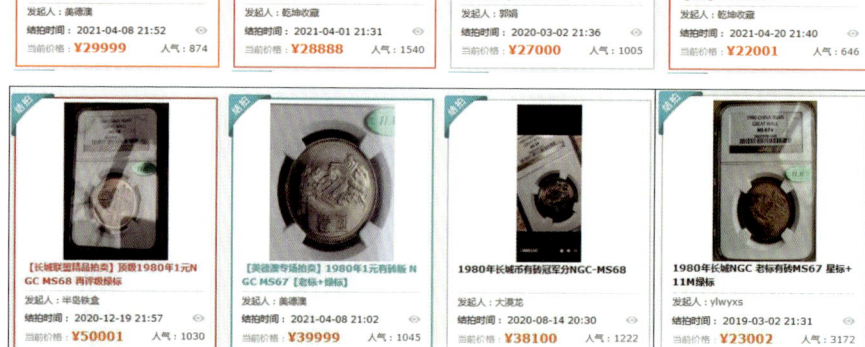

图 1-12　交易火爆的 1980 年长城壹圆

小编是个中国现代钱币的超级粉丝，近十多年的收藏历程，可以说大风大浪见过不少。最初对于 1980 年壹圆的理解来源于套装流通硬币（蓝、黑皮本）。

图 1-13　1980 年套装流通硬币（蓝、黑皮本）

那时大家追求的是册页全新，内页通透，无破无裂，无氧化，分币状态好，无水渍。

当时已知此套装的装帧量是 80 000 套，仅从数量的角度，现代流通币还是有大把品种发行量少于它，所以我并未把它放在心上。并且当时存在一个极特别的现象，市场出现少量剪圆版的长城套装，1980 年壹圆那时只能说是天王分币的陪衬品。后来币市也曾经多次出现过原卷的 1980 年壹圆长城币，所以我都义无反顾地选择其他品种，而抛弃了它。现在想想还是目光短了一点。

图 1-14　剪圆版的 1980 年套币及卷拆的 1980 年长城壹圆

最近很多泉友把"801"比喻成"袁大头"，我觉得挺形象的。迄今为止我国已经发行的流通硬币总计五套，包含硬分币、长城币、牡丹币、菊花币、

2019新版硬币。长城币毋庸置疑是这五套当中的龙头,这是其一。其二,从外形上来讲,长城币设计图案端庄郑重,30 mm直径,无论是视觉还是手感上都与"袁大头"更为接近。其三,发行时长大致相近,普制长城币仅发行了1980、1981、1983、1985四个年份,"袁大头"则是民国三年、八年、九年、十年。其四,也是最关键的一点,它们发行的目的都是当作流通货币使用。综上所述,将"801"比喻成为"袁大头"不为过。

图1-15 被喻为现代"袁大头"的"801"(左)

我们再来看看评级数据(截至2021年4月27日,两大评级公司评级数量报告):

评级公司	版别	总计	65以下	65	66	67	68	69
NGC	MS	21 208	7 098	5 487	5 269	2 854	480	20
	MSPL	988	137	167	348	296	40	
PCGS	无砖	193	66	41	34	46	8	
	有砖	647	185	206	216	40		

图1-16 NGC和PCGS关于"801"的评级数据

此表当中有几个关键数据我们需要仔细分析:

a. 评级总量。目前两大评级公司总评级数量23 036枚。分数从高到低,形成明显的金字塔形结构,这样的数量与梯队非常适合广大的收藏群体不同的收藏需求。同时评级总量非常合适,如果太少就会导致交易顺畅性受到阻碍,价格涨势放缓。如果太多也不行,多了也会导致供大于求,价格涨不上去。

附2014年至今1980年壹圆长城币评级数量变化趋势图。

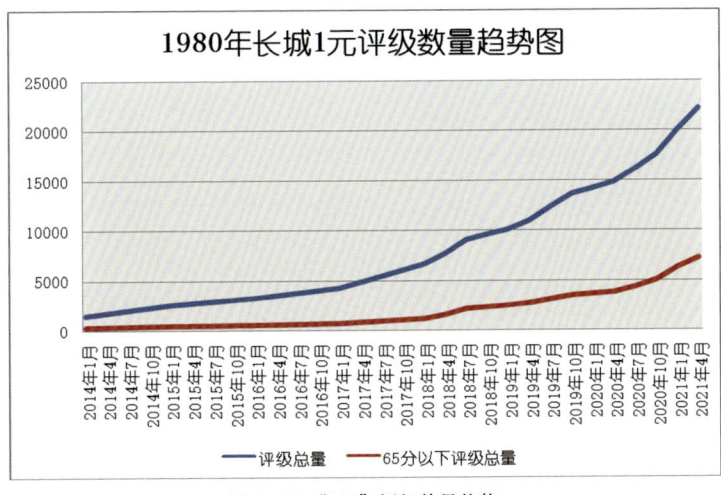

图1-17 "801"评级数量趋势

b. 65分以下数量为7 486枚,占比32.06%。在现代流通硬币当中,这个低分占比如此之高是我没想到的。相比其他几个年份,我们看出"801"的低分占比真的高出太多。并且分析从2014年至今的数据,能看到低分1980年壹圆有着明显增长的趋势。原光好品的数量呈现缩减趋势,致使广大收藏爱好者的收藏范围在只能向低端分数扩展。

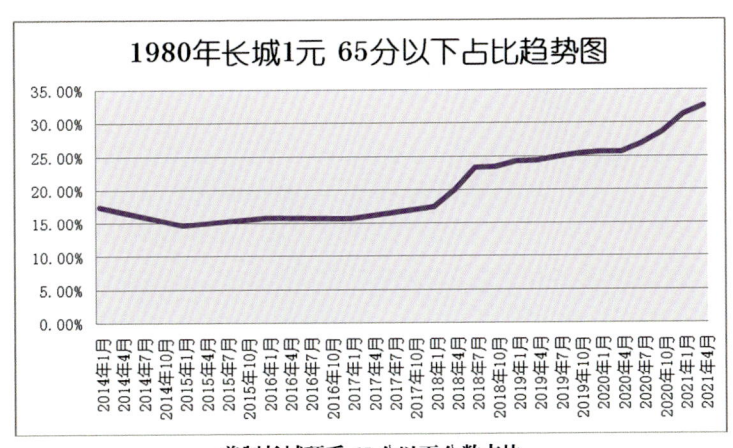

普制长城硬币 65 分以下分数占比

	1980	1981	1983	1985
占比	32.06%	2.71%	8.48%	2.42%

图1-18 "801"65分以下占比趋势图以及各年份长城币65分以下占比

另外关于1980年套装流通硬币装帧数量80 000套的问题,我们再来探讨一下。首先,从各种资料来看,80 000套装帧数量没问题,但我个人认为这80 000套可能没有全部面向市场。原因有二,一是市场流通角度,从2011年至今,所见拍卖成交原盒25套仅出现过4次(3次现代钱币网、1次诚轩拍卖会)。网络所见每年单套成交数量也就百套左右,这些数量感觉与80 000套装帧量相距甚远;二是1981年精制套装的生产数量是19 500套。那个时候发行的目的是为了国际交流和出口创汇,并且是以销定产,如果1980年发了80 000套全部被市场消化了,1981年应该数量更多或者相似,为何减少到19 500套。这个道理你品品。

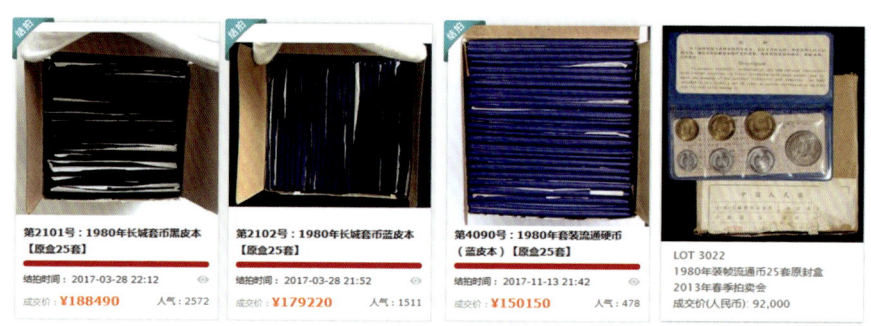

图1-19　1980年套币屈指可数的原盒(25套)成交

上述是我个人的一些看法,无论从历史地位、评级数据、还是发行量推测,都体现着1980年壹圆的不同特性,可惜当年我没现在的功底,体会不到细微之处,否则币市哪来郭大侠!哈哈哈哈……

仔细分析1980年长城壹圆火爆的原因(二)

前文我阐述了1980年壹圆的地位及相关数据,这些也仅说明一个钱币收藏品种应有的特点。其实每个钱币品种都有背后的故事,所以我们的分析还要持续深入。

大家喜欢收藏起初都源于对美的追寻,对生活的热爱,对求知的欲望,对财富的增值。但往往随着知识的丰富、藏品的积累、时间的推移、激情的消退,会让你与收藏渐行渐远。看看周遭的朋友,不外如是。保持新鲜感,提升可玩性,是一个必须重视的话题。很多钱币品种的可玩性往往比较单一,就是发行量或者图案。你买一百个和你买一个区别不大,并且背后的故事再少一点,大家的关注度会逐渐缺失。"801"的可玩性可不止于此,详见以下:

- 可玩性之一：版别。

《中国现代流通硬币标准目录》中，将1980年普制壹圆分为有砖版和无砖版，主要指的是钱币正面长城的第一个烽火台最上层的垛口墙砖有无缺失。

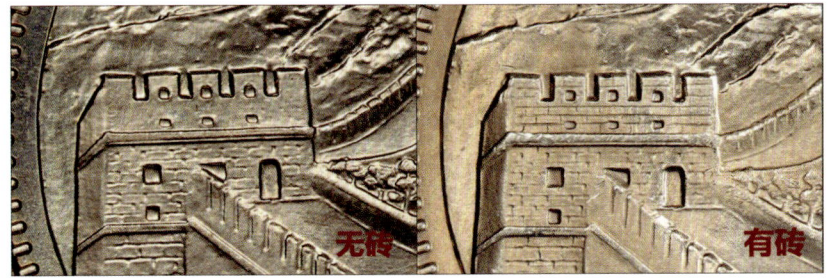

图1-20 "801"的无砖版和有砖版

最先发行的1980年套装流通硬币（黑、蓝皮本），1980年样币小黑本，这几种套装装帧的1980年壹圆均为无砖版，后期投入到流通当中使用的是有砖版和无砖版。随着最近两年的藏家深入研究，又将版别进行细化（感谢一下江瀚同志，帮我整理版别细节）：

一级版别	来源	特　征
无砖版	小黑本、无英黑皮本	底板油润整洁，极轻微模具压印的闪光性损伤，车轮光较弱，镜面感更强。给人的视觉感是模具压印有力而利索，根据喷砂状态可将版别细分为双面喷砂、正面喷砂、背面国徽重喷砂、背面国徽浅喷砂、无喷砂等。如遇镜面喷砂优异的，会有精制或半精制感，常有新人将其视为精制币。并且同套装也存在精制感很强的黄铜角币。

图1-21 春秋大拍：第5461号拍品　　图1-22 春秋大拍：第11251号拍品

图 1-23　春秋大拍：第 12246 号拍品　　图 1-24　春秋大拍：第 8221 号拍品

一级版别	来源	特　征
无砖版	黑皮本、蓝皮本	压印立体感很强，特别是浮雕立体，细节锐利。底板平整油润，有的镜面感强，有的丝绸感强。由于装帧材质差异，部分呈现五彩包浆。根据不同的状态，我简单将套装中的分为： 绸缎光，整体视觉明亮，金属色泽白转黄转五彩。底板车轮光明显，但与浮雕比较仍有清晰视觉差异，往往感觉浮雕浅喷砂、底板微镜面。背面国徽内浅喷砂，包含丝痕。 黑币，有镜面无喷砂，背面国徽内存在修模丝痕，有长有短，还有没有的。氧化呈点状分布。评级多为 PL。 市面所见品相中下者，往往由于氧化包浆过重，无法看到任何底板的镜面感，但从浮雕立体感我们将其判断为套装中拆出。

图 1-25　春秋大拍：第 13251 号拍品　　图 1-26　现代月拍：第 2104020 号拍品

图 1-27 春秋大拍：第 14049 号拍品　　图 1-28 现代月拍：第 2101051 号拍品

一级版别	来源	特 征
无砖版	卷拆	全身亚光质感，丝绸顺滑。底板有起伏感，正反面均无丝状纹。压印质感近似于直角边普制"老西藏"。

图 1-29 春秋大拍：第 13122 号拍品　　图 1-30 春秋大拍：第 14054 号拍品

  其实通过比对无砖版的细节特征及包装特点，我们清晰地发现"801"各个版本发行的先后顺序（时间从前至后）：长城样币小黑本→无英文黑皮本（推测为套装流通硬币的样本）→套装流通硬币→卷拆。

一级版别	来源	特　征
有砖版	卷拆	市面流通中的1980年壹圆绝大部分为有砖版。铸造细节相对于无砖版稍有模糊，币面存在轻微磕碰痕迹，底板有丝绸质感。但不得不说，品质优异的有砖版是相对稀少的。 最近几年藏友对于它的研究逐步加深，根据烽火台垛口的墙砖样式，可分为二层有砖、三层小砖、四层小砖、少砖等几个小版别。这些版别我个人推测应为修模的原因导致。

图1-31　春秋大拍：第13130号拍品　　图1-32　春秋大拍：第14067号拍品

图1-33　"801"的细分版别

- 可玩性之二：包浆。

提到包浆会让很多人激动起来，特别是一些老手，这是时间与环境的杰作。为什么1980年壹圆有这么多炫丽的包浆呢，其实还是跟本身其封装在套装之内有关系。我们参看《钱币评级与鉴定PCGS官方指南》中介绍，包浆与铜、镍、银等金属材质有关，并且不同的环境使包浆产生的效果也不同，例如纸板币夹产生的边缘包浆、抽屉式币夹中的靶标包浆。"801"的包浆多为满彩，紫、蓝、金、红、黄、绿等多色，位置也不固定，所以效果截然不同。

图1-34 "801"五彩缤纷的包浆

文章写到这里，着实费了一些功夫。再多的语言也不足以清晰地描述"801"的全部特点与她的美，必须静下心来，体会细节与神韵，希望我的文章能让你有一些感触。有些图片都是网上找的，感谢各位如此美好的图片，让我们欣赏起来心情愉悦。

品相派与版别派

钱币收藏目前出现了两大派，品相派和版别派。品相派主要注重品相，要求精益求精，宁缺勿滥，见到好品相的钱币，舍得花重金。例如普通"袁大头"1 200元左右，但对于原光高分评级币，能卖到20万元以上，他们认为，最好的品相也是唯一。

版别派注重收藏品种和版别，一般是系统收藏，追求品种多，版别全，对品相要求不是太高，他们认为品种、版别比品相更具文化内涵和历史价值，宁可花相同的钱买一枚品相差一点的段祺瑞银币或品相更差一点的徐世昌银币，也不去买品相极佳的普通"袁大头"。

目前两个派别都有极端的代表人物，但更多的收藏者，是两个派别的综合，他们既收藏品种、版别，又注重品相，是两者不同程度的结合。现代流通币收藏爱好者一般都是比较典型的综合派。

加深对钱币评级的认识

流通币的特点是批量生产，参与流通，所以，钱币的品相千差万别，很多品种磨损严重，个别品种很难找到未流通品。未流通品与流通品的价格差距巨大，品相为王的特点在流通币的收藏中得到了充分的体现。

对于未流通品，品相还分三六九等，有很大差别，目前钱币收藏界比较认可第三方鉴定评级，由第三方评级机构来为买卖双方评判品相等级。美国有两家评级公司PCGS和NGC，已经得到了广大收藏者的认可，中国的评级公司自"公博"成立以来，也成立了多家国内评级公司，市场竞争为收藏者提供了更多选择。

物以稀为贵是收藏的永久法则，你有我有大家都有的，文化价值再高也没收藏价值，对于大众藏品，关键是钱币的品相，如果某种钱币存世量100万枚，未流通的只有1 000枚，那么这1 000枚的价格会比较高，而这1 000枚未流通品币中的顶级品相币将有更高的价值，因此我们收藏流通币，应该收藏未流通品。

收藏品，大家都喜欢美的品相。在大量的流通币面前，未流通品相深受欢迎，绝品更是藏家追寻的目标。由此带来了评级币的繁荣。

评级币产生于美国，本世纪初中国机制币玩家开始接受，2009年前后现代币玩家开始接受，通过这十多年的评级、交易，已经完成了学习、研究和接受的阶段。现在收藏者已经认可评级币了，讨论最多的是如何评级，开始讨论评分的合理性，就涉及了审美取向问题。现在现代流通币玩家进入了一个新的阶段——反思阶段，这涉及美国评级标准和我国收藏者审美取向的差异。这里面有较为突出的文化冲突。

不同民族的审美取向不尽相同。中国有5 000年的文明史，自然形成了自己的审美取向，对于钱币欣赏也是如此。美国人的取向和中国人的取向有很大不同，评级币是美国人的创新，我们的币商都在研究美国人的审美取向，按照美国人的标准送评，这样可以得到更高的分数，但是，很多成熟的藏家并不认可这个标准，在看分数的同时还要看状态，这就造成了分数和价格的不对应，这个问题曾给我很大困扰。

2013年在PCGS进入中国后我成为最早的专家顾问之一，深知审美取向问题给中国藏家造成的困扰，多次给PCGS提出尊重中国审美文化，调整中国钱币评级标准的建议，但始终得不到响应。

直到2017年我开始改编《钱币评级与鉴定PCGS官方指南》一书时才明白，评级公司的评级标准是不可以随便改动的，如果改动，同一枚钱币在改动前和改动后就会获得不同的分数，而评级分数的稳定性是衡量一家评级公司好坏的重要指标。这就是我多次提建议都没有使PCGS改变评级标准的真正原因。

在这里，我想简单介绍下这本《钱币评级与鉴定PCGS官方指南》，这本书的原版是英文书，介绍美国钱币的评级方法，PCGS要求把所有的美国币换成中国币，这样对于中国读者更有可读性。换币是改编这本书的最大难点，因为同一分数的不同的币具有不同的特征，虽然取得了相同分数，但是有不同的原因要素，也就是说，同一分数不同的币需

图1-35 《钱币评级与鉴定PCGS官方指南》

要有不同的描述，只有准确把握评级师的思维过程，才能写出准确的描述。

因此，该书第六章至第九章实际上已经不是改编，而是创作，这部分的原文是写美国的各种钱币评级，并且不是写具体分数，比如 XF 的币是什么样子，不具体讲 XF40 和 XF45，中文版针对中国钱币的具体情况，分机制银币、机制铜币、现代流通币、现代贵金属币四大类，每一类都选择了有代表性的钱币，机制银币选择了大清宣三、北洋、开国纪念币、船洋。机制铜元选了三个，清代币选的户部光绪元宝，民国币选的双旗，另外选了一个黄铜材质的浙江水龙。现代流通币分五种材质介绍，现代金银币选取金、银两种材质。PCGS 评级师在审稿的时候打电话问我，为啥不选最有代表性的"袁大头"，我说因为在讲评级标准的时候使用了"袁大头"，所以尽量节省资源，介绍更多的品种。机制币图片主要选的是 PCGS 官网图片，有的图片和分数颠倒了我进行了纠正，有的图片并不合适自己另选了图片，现代流通币主要使用的是我自己收藏的钱币，再根据评级编号查出 PCGS 图片，目的是图片风格的统一。

这是一本好书，字里行间可以看到评级师拿到币以后的思维过程，是一本各种机缘巧合促成的书，我想把这本书推荐给大家，看完会有很多收获。

如何来解决同分不同价的问题呢，请继续往下看。

11M 再评级

美国有一家再评级公司，对 PCGS 和 NGC 的评级币再评级，对于达到它的评级标准的评级币给予贴标认证。经过多年的实践，得到了业界广泛认可，贴金标的钱币有机会砸盒送评提高分数，贴绿标的比没贴的价格高 20%~30%。

现代钱币网的版主周轶在上海成立一家再评级公司，也对 PCGS 和 NGC 的评级币进行贴标认证，经过几年的时间，得到了现代流通币圈子的广泛认可，我曾经看过泉友在现代钱币网拍得 66 分 11M 金标蛇章，砸盒评了 67 分，然后再送 11M 贴了绿标，这个操作在微信朋友圈晒过。

目前 11M 再评级主要业务板块为现代流通币，现代金银币和机制币业务也有开展，数量不大。现代流通币贴标溢价最高的是普制长城币和后期精制币，其溢价远高出美国的 20%~30%，特别是普制长城币，溢价为几倍。

很多人质疑中国币的贴标溢价，为什么比美国币要高那么多？是否合理？这里要从中美再评级标准差异、文化差异与中国藏家的喜好趋势说起。

从双方公布的再评级标准来说，差异不大，都是对评级币再评级，优中选优,但实际把握标准上相差很大。美国再评级公司的老板在公司成立前是 PCGS 评级师,并且是一个水平很高的评级师,当初辞职不干了,PCGS 老板还不太高兴,但后来随着市场的认可,自己也认可了再评级,并且自己收藏了很多再评级的币,其实评级和再评级是一种间接的合作关系,再评级公司在评级公司的盒子上贴标,表示对评级公司的认可,可以卖出更高的价格。

从美国再评级的发展历史就可以理解,评级与再评级的审美原则是一致的,因为再评级的人,以前是评级师。中国再评级的周轶没有做过评级师,因此他有自己的中国式审美取向,而中国式审美取向更加适合中国藏家的口味。

PCGS 成立于 1986 年,那个时候美国藏家喜欢干净的无包浆币,所以钱币评得高分的条件就是干净,原光很亮,如果有包浆,使得原光被闷住,根据原光亮度调整起评分。中国藏家喜欢包浆币,而包浆币分数大多评不高。同样两枚 66 分的币,一枚是白币原光起评分 69 分,有伤痕等缺陷得到了 66 分,另一枚包浆币原光起评分 66 分,看不到伤痕等缺陷,也是 66 分,中国藏家不约而同地选择第二枚,这就是钱币同分不同价的原因。

图 1-36 同为 66 分的有伤"亮"币(上)和无伤"暗"币(下)

对于以上两枚币，都是 66 分，第二枚包浆过厚影响了亮度，转光很暗，这种币起评分就是 66 分，评不到 67 分，除非去洗一下，有可能评到 67 分或 68 分。第一枚虽有包浆，但亮度高，起评分 67 分，有点小伤减至 66 分。这两枚币如果送评美国再评级，美式的原则是选择一枚高 66 分贴标，抛弃低 66 分的币，主要由分数决定。如果送 11M 再评级，先是看分数有没有被高评，高评的币首先放弃，如果状态符合分数或者高于分数，会优先选择第二枚，第二枚更符合中国式审美。

无论是现代流通币还是机制币，大家审美取向基本是一致的，都重视包浆，特别是漂亮的包浆。在这波行情中，机制币低分币价格涨幅远大于高分币，现代流通币低分贴标相对容易，都是一个道理。美国钱币评级标准，包浆币分数评不高，这是中美文化差异造成的。

从 2020 年开始，现代钱币网与 11M 再评级展开合作，成立 11M 北京办公室，使 11M 再评级实力得到加强，现代钱币网有经验丰富的专家团队，对美国评级标准有深入的理解。上海、北京两地均可初评，再相互认证，认证方有否决权，这种相互认证的评级方式，提高了 11M 再评级的质量和稳定性。

第三节　上呈样币

上呈样币是按照国务院要求设计新版人民币的计划，由中国人民银行、中国造币总公司（简称造币总公司）组织领导造币厂设计制作的样币。其由国内顶尖设计师设计雕模，沈阳造币厂和上海造币厂共同参与铸造，是重要的历史文物档案，单一品种的数量一般是个位数，极为珍稀。

晚清和民国机制币也有样币，有的品种数量也是个位数，但大多数存世量有几十枚或几百枚。机制币样币一般不是政府或财政部计划安排，大部分是造币总厂或各省造币厂在购买国外机器设备时，国外厂家依据订货要求，打制一些样品给国人看，有的未订购设备，有的订购设备了又重新设计了图案，雕刻了新的模具，用于生产正式流通使用。机制样币由于国人未采纳，大部分被外国人带走，现在国内拍卖的机制样币大部分是从国外回流或者曾经是从国外回流的，因此机制样币大部分算不上上呈样币。

上呈样币的地位由上呈的机关层次决定。如果是造币厂试制后未上报造币总公司（以前叫印制局），那是最低层次的；如果造币总公司上报到中国人民银行，就高了一个层次；中国人民银行或财政部（人行和财政部曾短期合并）上报到国务院是最高层次。原则上说,只有上报到国务院才是真正意义上的上呈样币。

人民币的上呈样币有中国人民银行计划,有组织造币厂实施的记录,有上报的单据,无论从地位上还是从学术上其价值不应比机制样币低,但由于现代流通币与机制币在整体价格上目前没在一个层次,所以上呈样币的价格并不高。前些年北京的几个拍卖公司曾多次拍卖上呈样币,最近两年只有现代钱币网拍卖过一枚 1967 年毛泽东样币,价格 30 万元。

第四节　钱币行情分析

钱币收藏有多个板块,有古钱、银锭、机制币、老纸币、现代流通币、现代金银币、现代纸币等。最近两年最为活跃、价格上涨最快的首推机制币,机制币特别是机制银币,整体上涨数倍,个别品种上涨幅度超过 10 倍。

机制币前所未有的大行情

机制币指晚清和民国期间引进外国造币机器后生产的钱币。这段历史很短,一般从 1889 年广东省铸造光绪元宝"七三反版"开始,直到 1949 年新中国成立,前后共 60 年。如果从吉林的厂平一两系列开始计算,到解放后 50 年代初铸造的"袁大头"三角元版结束,则时间跨度稍长一些。

图 1-37　1889 年广东"七三反版"银圆

中国有三千年的货币史,短暂的机制币 60 年铸造发行历史极为特殊,它成为了中国钱币最为重要的板块,其中含有中国最贵的钱币,是目前最为活跃的板块之一,占据中国钱币拍卖市场的半壁江山,是文人雅士、企业家们竞相追逐的目标。

本轮机制币行情从 2018 年开始，军阀币最先成为热点，价格快速上升，其他品种几乎价格基本不动或者微动，接着大清宣三、北洋和造总价格上涨，低分黑包浆的币尤其热门，短期内几倍涨幅。热门品种的价格上涨，带动大头、小头、船洋等普通品种全面上涨。

图 1-38　1911 年大清银币"宣三"壹圆

这期间机制币热点轮番出现，价格的上涨并非直线，中间也有回调，曾出现无人主动接盘的情况，但幅度不大，最大调整幅度在 30% 左右。

之前的价格上涨主要是流通币，样币涨幅很小。到了 2021 年，出现了高端样币的大涨，各种样币的价格大涨数倍，以热门品种张作霖、宣三长须龙、宣三反龙、宣三立龙、丁未为代表，多年来一直冷门的民国十八年各种三帆样币一下子成为热门，其中意大利签字版从几十万涨到 400 多万，其他十来万的奥地利等版别也过了百万大关，让人措手不及，感觉一百万以下很难买到像样的币了，很多人有了被挤出局的风险意识。

图 1-39　"宣三"长须龙

是什么原因造成的价格大涨呢？这是一个每个人都在思考的问题，一般来说，价格上涨来自于购买力的加强，价格大涨是新人迅速进场造成的，新人对钱币价格的历史并不了解，新人的价值评估与老藏家不是一个体系，对价格不是很敏感。

书画、瓷器行情依然低迷，为什么有这么多的新人在购买钱币呢？这与钱币评级有关。评级的假币赔付制度基本上解决了真假问题，现在其他古董艺术品都没有评级，没有赔付制度。自2020年新冠疫情以来，美国连续的货币巨量超发，输出通货膨胀，资本自然会找避风港，钱币收藏与投资被很多人选择。

从这次机制币上涨的高度来看，以前几十万的钱币，现在价格二三百万了，以前价格一二百万的钱币，现在五百万以上了，我们看到过百万的钱币越来越多，这不是古玩、字画的节奏吗？据说很多玩古玩字画的买家开始买钱币了。

钱币的板块很多，新的玩家为什么最先选择机制币呢？主要是三个原因，一是机制币有点历史，从感觉上更接近古董；二是机制币比较漂亮，更符合古董艺术品玩家的审美；三是所有钱币板块的价格，机制币是最贵的，实力藏家喜欢玩贵的。

总之，最近几年钱币市场焕发出新的生机，这种生机只是开始，我们都想对它的发展进行预测，发展是永恒的。

机制币与现代流通币的衔接

机制币是晚清及民国时期的流通币，于1949年结束。现代流通币是中国人民银行成立以后发行的流通币，中国人民银行1948年开始发行纸币，随后研究生产硬币，于1955年生产出首批硬币。由于我国幅员辽阔，各省解放时间前后有别，所以货币流通存在地域的差别，这个交替的过程因地域的不同，时间也不同，也就是说，同一时间，不同地区可能流通着不同的货币。

笼统地说，新老货币的交替时间是1949年，之前的流通硬币是机制币（银币与铜元），之后的流通硬币为硬分币，其与长城麦穗币等统称为现代币。机制币与现代币在时间上是连续的。

机制币与现代币有不同的收藏群体，能够跨界的只有少数，大部分收藏机制币的不收藏现代币，收藏现代币的不收藏机制币。总体来说，由于机制币比现代币价格贵了很多倍，所以前者的收藏群体的经济实力远大于后者。

机制币最贵的是样币。由于造币机器都是国外引进的，雕刻师大部分也是

图 1-40 机制币与现代币

外国人,所以样币大部分是外国人为了卖给中国机器专为中国生产,给中国官员审阅后,大部分又让外国人拿走了,我们看到拍卖公司所拍卖的机制样币大部分征集自境外。比较珍稀的样币有湖南省造光绪元宝、陕西省造光绪元宝、广东"七二反版"等,比较常见的样币有宣统三年长须龙系列、宣统二年水龙系列、民国十八年三帆船系列等。

现代币最贵的也是样币,分两种,一是上呈样币,二是工作样币。上呈样币与机制样币的作用基本相同,不同在于上呈样币是造币厂依照中国人民银行计划,设计生产的样品,是中国人设计生产的,存世于国内,拍卖公司的拍品征集于国内。工作样币仅见于现代币,由于中国体量大,货币发行量也大,银行在工作中需要样品对照,主要用于反假。

大部分机制样币都很珍稀,所见数量为个位数,但也有数量稍多的品种。而现代币上呈样币非常稀少,所见存世均为个位数。

机制币有纪念币,也有纪念章,但由于当时购买力按照白银重量计算,所以无论是有无面值,都可以流通使用,正是因为都可以流通,所以其收藏价值基本不受有无面值的影响。

现代币也有纪念币,分流通纪念币和贵金属纪念币两种,这里只讨论流通纪念币。流通纪念币既有纪念意义又可以以面值流通。机制纪念币的经典品种就是军阀币,现代纪念币的经典品种就是"大40"、"内蒙古"、"联合国"、"抗战"、"世妇会"等精制币品种，我认为军阀币存世量要大于"大40"、"内蒙古"等精制币。

随着时间的推移，现代币也将成为历史货币，两个板块的收藏群体也将不断融合。

钱币价值重心的后移

我们所了解的历史上著名的钱币收藏家都是收藏古钱的。在晚清民国时期，最贵的钱币也是古钱，一枚古钱价值几千几万大洋，即便到了民国时期，机制币价格也不贵，因为它是当时的流通币。

现在最贵的钱币是机制币了，古钱从前秦到清代三千年历经改朝换代，钱币品种无数，无论多么珍稀，价格都高不过一枚宣三长须龙，古钱与机制币已经不在一个价格水平线上。

最近几年现代流通币价格也开始抬头。大概在2006年以前，最贵的流通币就是1986年长城币，价格整套2万多元，拆开单枚几千元，其次是精制"大40"、"内蒙古"，价格也是数千元一枚，最近一两年，现代流通币单枚也出现了几十万的价格。

这使我们看到，随着时间的推移，钱币价格的重心在逐步后移，并非越老越贵。

我们再看下瓷器。最贵的瓷器是元明清时期，高古瓷价格并不高，当然和国家禁止拍卖有关，但最主要的还是精美程度。藏家对美的追求是永恒的，高古瓷精美的少，做工粗糙，破破烂烂的多，反观清三代官窑，精美绝伦，买家就舍得出钱。

字画也是如此。古画整体价格并不高，近现代画家的价格却很高，特别是张大千、齐白石、徐悲鸿等画家作品经常创出新高，就连在世的中青年画家作品，也常有几千万的价格出现。

收藏本来是收藏历史，年代越久价值越高，但是从市场上讲，年代久远的历史价值虽然高，更适合博物馆收藏。收藏家更喜欢近现代的藏品，他们认为近现代藏品制作精美，保存完好，更适合于家庭收藏或者企业收藏。

这就是市场，大家喜欢的藏品价格自然就高。未来钱币价值的重心还会后移吗？新中国纸币的价格已经超过的明清纸币和民国纸币，现代流通币如何发展呢？笔者不作回答，留给读者思考。

第二章　普通纪念币

为了方便流通使用，让老百姓容易辨认，流通币图案设计得比较简单，并且品种单一，这对于钱币收藏爱好者来说，就缺少了收藏的趣味。中国人民银行为了丰富流通硬币的品种，更好地纪念宣传重大历史事件和民族文化，从1984年开始发行流通纪念币（后来改称普通纪念币），与同面额流通硬币等值流通。流通纪念币的发行，丰富了钱币文化，深受广大收藏爱好者欢迎，现已形成了庞大的普通纪念币收藏队伍。

普通纪念币和贵金属纪念币有本质区别。普通纪念币以铜、镍、锌、铁等普通金属及其合金为材料，发行的目的一是流通，二是宣传纪念，一般由中国人民银行组织设计，图稿经中央政治局常委审核后才能生产、发行，其发行量计入当年货币发行总量。贵金属纪念币以金、银、铂、钯等贵金属为材料，发行的目的主要是收藏和馈赠，一般由金币总公司组织设计，图稿由中国人民银行审核，遇到重大题材经由国务院有关部门审核，其发行量不计入当年货币发行总量。

普通纪念币的收藏价值完全由货币本身的历史价值、文化价值、欣赏价值等决定，和本身的材料价值无关。由于属于流通币，在商品流通中充当一般等价物。每一枚币都将留下历史的脚印，普通纪念币除了具有流通币的价值以外，还有纪念和宣传的功能。

普通纪念币有四个基本版别，分别为普制币、精制币、样币、精制样币。

最近几年普通纪念币的行情可以概括为：普制币和样币总体上涨，精制币和精制样币总体下跌，个别品种上涨。

第一节　综　述

早期普制币价格上涨

收藏者习惯把1995年及以前发行的纪念币称之为早期纪念币。早期普制币发行量整体不大，以几百万套为主，分散较好，且有一定的流通消耗，所以最近两年上涨明显,以"建行"为龙头,以"五大自治区"为发力点,引发了一定的行情。现在的价格仍在上升通道,其中,"建行"、"老西藏"、"宁夏"、"六运会"、"中华人民共和国成立35周年"涨势明显。收藏性交易以评级币为主,大宗交易也不少,以原盒原卷为主,大全套的带册子装的钱币基本在收藏圈外流行,以礼品的方式在交易。

我的一个币商朋友做了几千册大全套,当时买原卷"建行"有难度,就收购了很多66分的评级币砸盒装册。

普通"老西藏"的价格上涨,还带动了直角边"老西藏"和小图版"老西藏"的价格上涨,现代钱币网最近拍出了8 000多元的高价。

图1-41　1985年直角边"老西藏"拍出8 000多元高价

从整个钱币市场来说,早期普制币相对于其他钱币板块,价格仍有上涨空间,从最近20多年早期普制币的交易来看,基础价格早已夯实,后市可期。

精制普通纪念币价格剧烈波动

精制纪念币最近两年连续走低,特别是后期精制币,跌幅超过了50%,让很多新加入收藏的泉友丧失信心,但也有很多投资者逢低买入,特别是一些老的精制币收藏者(2000年以前收藏精制币的藏家),开始买原箱精制币,如何判断精制普通纪念币的后市,成为大家关心的问题。

回答这一问题,我们要先看看精制币价格下跌的原因。价格由供求关系决定,价格的涨跌,是供求关系失衡造成的,如果供给量大于需求量,价格必然下跌,如果需求量大于供给量,价格必然上涨。

随着收藏者对精制普通纪念币的了解,喜欢的人越来越多。大家喜欢精制币,一是精制币精美漂亮,二是数量少,后期精制币的实际发行量以两万套为主,这个数量对于庞大的钱币收藏爱好者来说是太少了，应该称之为钱币最为精美且袖珍的板块之一，前景非常看好。价格逐步脱离普制币，一度不断走高，但是突然，市场遭遇集中放货，从生肖、遗产到人物，多个品种集中放货，每个品种数量不等，大多有数千枚的数量。推测经销商在发行精制币时，没有一次发完，留有库存，数千枚的数量，对于只有两万总发行量的品种来说，供求平衡瞬间被打破，供给严重大于需求，价格下跌在情理之中，完全符合市场规律。

图 1-42 原箱的精制币

那么精制币后面的走势如何？我们还是要从基本面分析开始，《中国现代流通硬币标准目录》一书清楚写明精制币的装帧量，这个装帧量实际就是发行量，以2万为主，经销商所放之货都是2万以内的存货，数量并没有增加，也就是说，精制币的基本面丝毫没有改变。过去收藏者对于精制币的估值是按照2万的数量估的，现在没有变，只是经销商出库存暂时打破了供求关系，供给严重大于需求，同时给收藏者的信心造成了打击。从这个角度讲，精制币价格的下跌是暂时的，因为基本面并没有改变，随着收藏人数的增加，精制币未来可以恢复健康发展。

我们再分析下早期精制币的价格发展轨迹。我在 2006 年购买早期精制币时，当时价格非常不透明，我和好友黄义和一起给早期精制币进行估价，我们给大珍估价 4 000~6 000 元，给小珍估价是 2 500~3 000 元，"大 40" 精制币和 "女足" 精制样币在当时都是仅见广州老林有一套，"内蒙古" 我们只是看资料上有但从未见过，对于如此珍稀的钱币我们为何只估价数千元一套，因为我们知道 "大 40" 的铸造量是 1 000 枚，"内蒙古" 精制币的铸造量是 2 000 枚，其他品种如"女足"、"建党"、"三小珍"的数量我们在当时不知道，但我们可以根据市场情况依据已知品种的铸造量进行推测，我们也是按照基本面进行估值，铸造量是钱币的基本面。

后来在北京马甸成交了"内蒙古"、"建党"、"女足"，价格都是一万一套。再后来精制币大珍不断在市场出现，成交价不断提升，慢慢地大珍的价格超过了10万大关。那么为什么数量越来越多，价格不断提高呢？是因为市场流通量不断增加，收藏者的人数也在不断增加，货币逐渐在贬值，钱币的估值在上涨，大家一直是从钱币的基本面进行估值。

最近两年随着后期精制币价格的下跌，早期精制币也受到影响，价格也开始下跌，我认为这都是暂时的，原因就是整个精制币板块的基本面没有变，只是受到了市场流通量增加的影响，是暂时的。

第二节　早期普通纪念币

早期纪念币从中华人民共和国成立35周年纪念币（以下简称"35周年"）开始，到中国珍稀野生动物金丝猴止，共发行24套，34种，100多个版别。前10套材料均为铜镍合金，直径为30毫米，从第11套（亚运会）开始就不再使用铜镍合金材料，改用钢芯镀镍，从第12套（植树节）开始，尺寸也进行了缩小，直径改用25毫米，由此可以看出，造币材料的成本在上升。

这一时期的纪念币收藏从无到有，收藏人数不断增加，前10套发行时在银行基本能等值兑换，所以沉淀较好，很多品种由于参与了流通而品相较差，所以未流通品相的价格比较高。

精制币除了"六运会"、"宁夏"、"广西"以外，都有铸造，但"建党"和"女足"只铸造了精制样币，未发现精制本币。前11套普制币的币边都是圆弧型（"35周年"沈阳版和直角边普制"老西藏"除外），精制币币边都是直角边，是大压力机多次压印所致。这一时期精制币基本没有公开发行，主要用途是国家和中国人民银行总行的礼品，很多品种铸造数量很小，总行未必完全送出去，可能留有一定的库存。而留下的库存，随着价格的提升，管理的规范，继续赠送的可能性极小。已经送出的部分，分散在世界各国政、商界重要人物手里，进入收藏市场的速度很慢，因此大部分早期精制币的收藏难度很大，珍品很多，无形中增加了精制币的收藏乐趣。

中华人民共和国成立35周年

"中华人民共和国成立35周年"最近两年普制币和精制币都有上涨,原因之一是第一套普通纪念币是大龙头;之二是版别丰富,并对版别有新的研究发现。

沈阳版精制币原来发现3类包装,分别为三枚塑料板装、"大典"纸卡加其余两枚塑料板装、邮币封装。原来大家都认为三种包装中的币是相同的,但后来现代钱币网不断有人写文章,认为"大典"纸卡加两枚塑料板装分两种装帧形式,表现为币的正背面朝向不同,一种为《中国现代流通硬币标准目录》书中图片,另一种纸卡装国徽面朝外,塑料板装上的纪念币名称文字与币的国徽同面,并找到证据说后一种是上海造币厂装帧的。最为重要的是,上海装帧的币的镜面反光度弱,有较强转光;有的没镜面,底板丝滑,类似于直角边"老西藏"的工艺。图1-43上方为沈阳版,下方为上海版,两版制造工艺明显不同。

我认真学习了这些文章,觉得言之有理,但需要找到依据。无意中从一个藏家收集的一堆废弃资料中发现了上海造币厂曾经生产过这样两个产品,"单枚35

图1-43 两种版别的"35周年"精制币

周年（精），数量30 000枚，单位售价1.75元"；"两枚35周年（精），数量30 000套，单位售价3.50元"。这个售价应该是造币厂与总公司的结算价，并非最终的市场价。看到这个，我马上想到这个是上海产的精制币，数量是3万套。

仔细观察这种上海版精制币，做工细致，也是直角边，应为多次压印，按照精制币工艺压印的，送评级公司评级多为MS68或MS69。这种币在现代钱币网拍得价格比较高，说明大家私下已经看成不同的版别收藏了。

那么问题又来了，如果这是上海版精制币，那么原来的上海版错币是什么呢？回答这个问题还得找现代钱币网，在论坛上一个会员发了一篇文章，从一本挂历和一本书中找到了"35周年"上海错币的图片。挂历为1995年金融出版社出品的，书为1988年出版的，书名为《中国现代金银纪念币章图录》，由中国人民银行当时的副行长邱晴作序。

现代钱币网管理团队经过认真研究，由仲雨写了一篇文章，这篇文章详细分析了这套币的出处。

去年现代钱币网大拍中这套币多次上拍，成交价格在20万元左右。价格涨了以后，今年征集更加困难，看来在这个价位上想卖的已经卖了，不想卖的对价格的期望值更高。

有了这些发现以后，下一版的《中国现代流通硬币标准目录》将对"35周年"的版别和编号进行调整。

中华人民共和国成立"35周年"精制币上海版重大发现
——对"35周年"版别的全面梳理
仲雨

文章标题看着有点震撼，内容是否震撼呢？笔者保证，内容超过大家的预期。人前摇扇醒木拍桌，各位看官细听分说。

• **早期的认识**

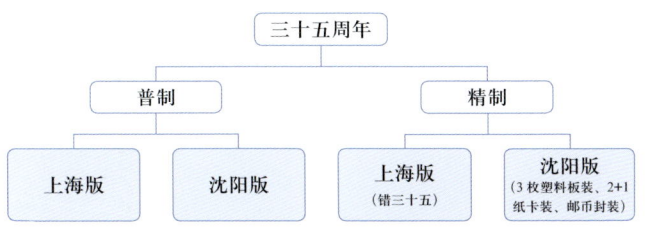

图1-44 "35周年"普通纪念币的版别划分

上图是我们目前所知的"35周年"普通纪念币的版别划分,普制版别就不过多赘述了。精制版别我们目前所知分为图上的两种,均已收录在孙老师的《中国现代流通硬币标准目录》中,也得到了大家的公认。但最近几年,现代钱币网围绕"35周年"精制币这个问题展开了深入的讨论,笔者做如下总结。

- 上海版半精制币的出现

2017年1月,现代钱币网会员"江阴小刘"在网站论坛发表了《关注初铸"35周年"版本和工艺疑问》,文章中谈到两件事:①"35周年"纪念币出现一种新的版式——初铸币或半精制"35周年";②此种钱币装帧于纸卡2+1包装当中。

图1-45　上海版半精制币

2018年2月,网站会员"孙浩洋"在其博客中发表一篇文章《"35周年"精制币的生产厂家有重大发现》,此篇文章上传了20世纪80年代上币厂的对外宣传资料图片。其中里面包含了2+1包装的上海版半精制币。

图1-46　20世纪80年代上海造币厂的对外宣传资料

图 1-47　上海造币厂对外宣传资料内页

同年 3 月，现代钱币网会员何君珺先生在网站论坛发表了另外一文《关于上海版直角边"35 周年"半精制纪念币的探讨（装帧层面）》。这篇文章中对于上海版半精制币进行了详细的解读，将上海版半精制币的包装与沈阳版精制币的包装真正区分开来。

	上海版半精制币	沈阳版精制币
大典	国徽面朝外	人物图案朝外
华表、欢庆	"中国人民银行发行 中国造币公司制造"字样随图案面	"中国人民银行发行 中国造币公司制造"字样随国徽面

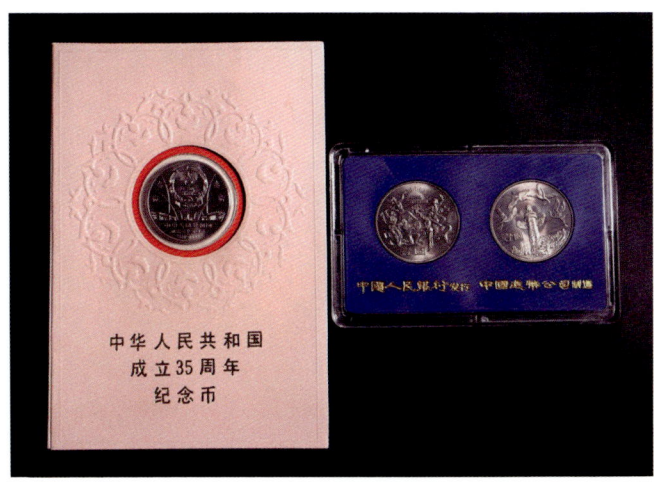

图 1-48　上海版半精制币包装

2019年11月,现代钱币网春秋大拍中,正式对"35周年"上海版半精制币进行标注,增加到拍品标题中。但由于币离开包装以后无法进行准确区分,目前所见上海版半精制币都是从包装角度进行辨别(目前发现"35周年"上海版半精制币－华表,国徽面图案部分存在少窗现象)。

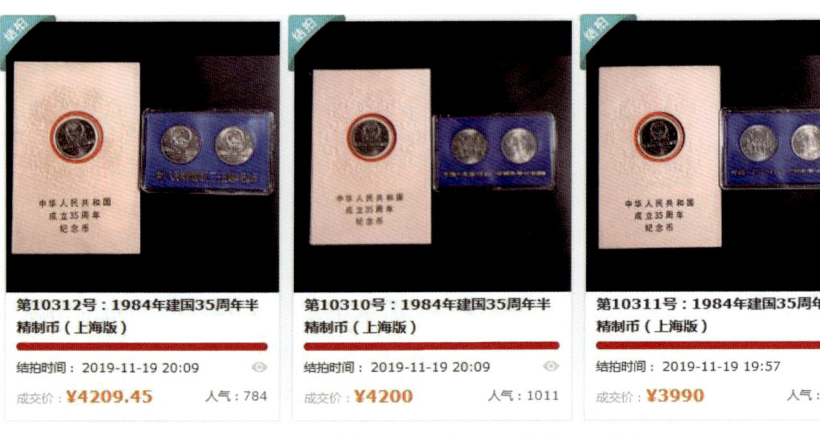

图1-49 上海版半精制"35周年"的拍卖情况

- **上海版半精制币的工艺与生产数量**

说到工艺,我想到了上海造币厂同期生产的另外一枚纪念币直角边"老西藏",最初直角边"老西藏"的诞生是用于与银币配套发行,后来订货人并不满意此品种的制作工艺,才更换成了老西藏精制币。当时在总公司计划中,直角边"老西藏"就是半精制币,绸缎光泽,几近无伤。笔者认为,孙老师在《中国现代流通硬币标准目录》将其标注为普制币有误,实为半精制币,但也无需修改编号,因为把版别划分出来更为重要。

图1-50 上海版半精制"大典"与直角边"老西藏"

经查询多方资料证实,上币执行总公司计划生产精制币,采用2+1包装,其中单枚"35周年"(精)3万枚,两枚"35周年"(精)3万套。也就是说上海版"35周年"精制币为3万套。

上币采用了直角边"老西藏"的工艺生产"35周年"精制币,但由于产量大于直角边"老西藏",产品质量不一,有的币达到了直角边"老西藏"的工艺,有的出现了轻微镜面,有的接近普制币。币离开包装后,无法全面而准确的判断,因此综合定义为半精制币较为合理。

- 上海版精制币(错三十五)资料的出现

2019年9月,又是"孙浩洋"(这位仁兄是一个坚定的现代钱币学术研究者,其版别研究细致入微,资料详实可靠)在其博客发表了一篇文章《这就是1984年精制上海版错币》。此文公布了部分图片,我与孙浩洋老师联系,得知其来源于1988年出版的《中国现代金银纪念币章图录》,随即我也购入一本。

此书由中国钱币有限公司编辑,中国人民银行金币总公司发行。主编为沈家驹先生,前印钞造币总公司财务处处长,后调任香港中国钱币公司、香港中国长城硬币投资有限公司第一任总经理。本书的写作并不是在香港完成,而是在北京,写作班底是造币总公司职工。范曾先生为本书封面题字,时任中国人民银行副行长邱晴作序。此书分为一、二辑,分别介绍了1979年至1990年中国金银纪念币、生肖金银币、熊猫金银币、金银纪念章、流通纪念币等,辅以发行资料、背景、铸造机构等信息。

其中介绍"35周年"纪念币的图片使用了上海版精制币(错三十五)的图

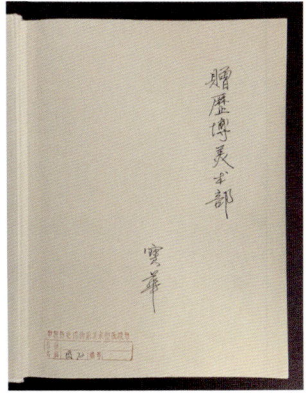

图1-51 《中国现代金银纪念币章图录》

片。这也是第一次在官方文献当中看到"错三十五"的身影,钱币特征为毛主席纪念堂无立柱,并标注铸造厂家为上海造币厂。

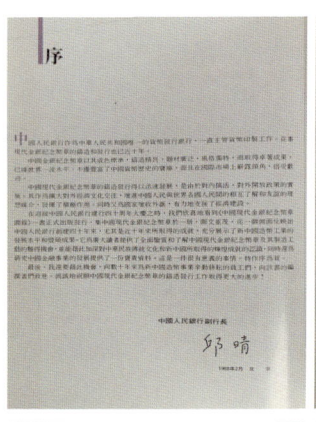
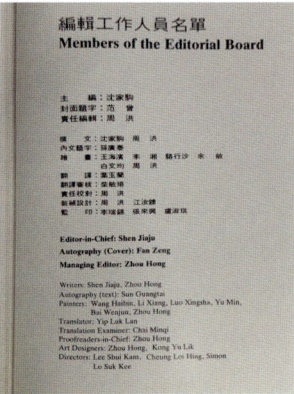

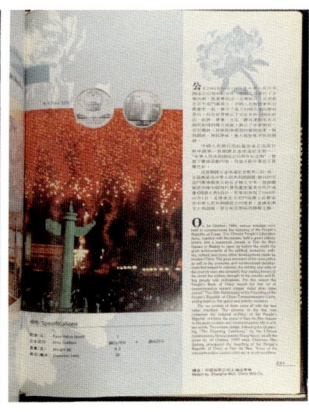

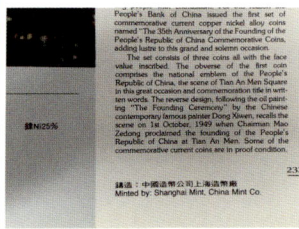

图1-52 《中国现代金银纪念币章图录》内页之一

图1-53 《中国现代金银纪念币章图录》内页之二

• 上海版精制币（错三十五）的身世之谜

似乎一切都回到了原点，我们并未揭开上海版精制币（错三十五）的身世之谜，反而更加扑朔迷离。上海为何有两套不同版别的精制币？再加上我们前期在北京国际钱币博览会沈阳造币厂展柜看到的未发行沈阳版精制币,似乎一下子"35周年"精制币出现了四种版别,并且这四种版别均在官方资料中出现过!

	数量	官方资料现身	装帧方式
沈阳版精制币	最多	中国人民银行-人民币图样库目前使用	3枚塑料板装、2+1纸卡装、邮币封装
沈阳版精制币(展柜)	展柜一套、总公司图库一套	中国人民银行-人民币图样库曾经使用	裸币
上海版半精制币	3万套	上海造币厂对外宣传手册	2+1纸卡装
上海版精制币	50套左右	《中国现代金银纪念币章图录》	塑封

最近几年在北京国际钱币博览会沈币展台,都出现过一套"35周年"精制币,与正常发行的"35周年"精制币有明显区别,每次我都问是哪里来的,工作人员的回复每次都相同:从档案室借的。上个月,我发现造币总公司图库中的也是这个图案,我随即给他们公众号发了留言,告诉他们这套币不是正常发行的,让我感到意外的是,虽然我未得到回复,但图片换了。我推测这种图案的币是沈币给总公司的报样,属于试制样币。上海版"35周年"精制币出现在官方资料中,并明确写明是上币生产,笔者猜测,书的作者也是用的报样,只是由于此套报样是上币报的,所以作者错误地把铸造单位写成了上海造币厂。因为我们大家都知道"35周年"精制币是两厂生产,官方资料应该写上海造币厂、沈阳造币厂。由此推断,"35周年"精制币上海版为试制样币,并报给了总公司。

经过我上面的分析,再来看看"35周年"的版别层次结构图,一下子就全部清晰起来。

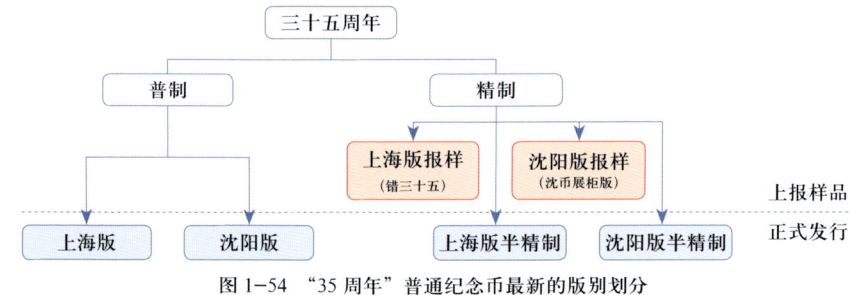

图1-54 "35周年"普通纪念币最新的版别划分

让我们再次欣赏这两套报样,同时也仔细品味其背后的故事。

孙老师在《中国现代流通硬币标注目录》第二版后记一文中写到:"中国现代流通硬币是一块未开垦的处女地,在学术上有很多待开发和研究的领域,在收藏和投资上有巨大的机会,未来将进入研究和收藏的黄金时期,那将是人才

图1-55　上海版报样（上）与沈阳版报样（下）

辈出、成果丰硕的时期。"正是由于大家孜孜不倦的研究，才让很多现代流通硬币未解之谜逐步解开，才让更多的流通硬币珍品公布于世。我们处在一个伟大的时代，我们这个时代要做的事情就是承前启后，我们是这个时代的亲历者与缔造者，中国流通硬币的发展与壮大离不开每一个人的努力，相信中国现代流通硬币的收藏未来会更加繁荣。

在此鸣谢孙景龙先生、刘必凯先生、何君珺先生、赵一新先生！

"老西藏"一直很热

在普通纪念币这个大家族中，"老西藏"是一个非常受收藏者欢迎的品种，我记得我买第一枚"老西藏"普制币的时候，价格与"建行"差不多，那个时候大家都不知道发行量，完全靠自己的感觉去买，后来大家逐步了解了发行量的数据，"建行"和"宁夏"的价格才上去，这充分说明了大家对"老西藏"纪念币的喜爱程度。

后来随着收藏者对纪念币的研究，发现了"老西藏"有诸多版别，更加深了对这个品种的喜爱，出现了专门研究"老西藏"的群体，这个群体收藏"老西藏"的各种版别。

由于五大自治区普制币最近两年在线上直播中非常畅销，大量"老西藏"去评级，所以价格上涨，水涨船高，"直角边"和"小图版"价格坚挺。精制"老西藏"是这几年价格最稳定的品种，交易也活跃。高精礼品"老西藏"由于制造工艺出众，喷砂细腻带油光，底板光洁如镜没有闪光性损伤，深受各路藏家喜爱，最近两年极少成交，显示其异常珍稀。

"新疆"精制币

"新疆"精制币最近两年价格稳中有升，表现好于"老西藏"精制币，主要原因是它的数量少，而且分"肥羊"与"瘦羊"两个版别。从现代钱币网出现的概率讲，"肥羊"数量明显少于"瘦羊"，所以"肥羊"的价格更高。

从"新疆"精制币的证书来看，产量是 10 000 枚，《中国现代流通硬币标准目录》标明是 1 400 枚，令藏家不解，其实新疆精制币的计划产量是 10 000 枚，镜面币与半镜面币各 5 000 枚，实际并未生产那么多。

前两年有人给我打电话，问我新疆有半精制币吗？我说应该叫半镜面币吧？什么样子呀？我马上联想起应该有直角边"老西藏"那个样子的直角边"新疆"。但对方告诉我没见到实物，总行的账上有，没人敢打开箱子看。由此可见，应该有直角边"新疆"，只是未发行。

还是那句老话：随着时间的推移，中国现代流通硬币的未解之谜会一步步解开！

"和平年"精制币

"和平年"精制币生产量为 500 枚，"和平年"精制样币生产量 2 000 册，每册两枚，共 4 000 枚，但不要"样币"二字。不要"样币"二字的意思就是精制币，也就是说，"和平年"精制币的总产量是 4 500 枚。

为啥叫精制样币而币上却不要"样币"二字，强调的是精制样币，我请教了造币管理专家。专家给我的解释是，精制币有面值，如果做礼品要走礼品招待费用，如果叫样币，在财务上直接计入发行管理成本。

由此看来"和平年"可能是最早的礼品币，想走发行管理成本，后来的纪念币品种既有精制礼品币又有精制样币，随意性较大。

按照现在的版别划分，"和平年"精制币有肥鸽版、瘦鸽版、薄喷砂版，薄喷砂版极为少见。

总体上说，"和平年"精制币喷砂和镜面反差不大，特别是镜面，很多既有反光，同时有较强的车轮光但也有镜面好的币，比较少见，我曾经见过一枚镜面与喷砂非常好的币（图1-56）。

薄喷砂版的工艺与"35周年"上海试制样币相似，有人怀疑此版别是试制

图 1-56　镜面与喷砂非常好的"和平年"精制币

样币,待考。总之,"和平年"精制币还有未解之谜。

"内蒙古"精制币

我依然记得第一次见到"内蒙古"精制币时的兴奋和震惊,深深地被其精美的工艺吸引。底板光亮如镜,文字和图案喷砂效果极佳,呈白色,明暗对比强烈,具有强大的视觉冲击力。在我以后和泉友的交流中发现,几乎每个第一次见到"内蒙古"精制币的人都和我有同样的感觉。现在它已经成了被泉友们公认的精制币的杰出代表,只要一提起"内蒙古",就会想到精制币,一提起精制币,自然就会想到精制"内蒙古"。

从珍稀程度上说,"内蒙古"精制币铸造量 2 000 枚,仅次于精制"大 40",最近几年随着价格的不断提升,面市数量不断增加,价格也有回落,但是价格的回落与品相有一定关系,由于这个品种深受藏家喜爱,好品的收藏级的基本会被藏家收藏了,品相欠佳的常在市面流通。

也许是过于精美的缘故,"内蒙古"精制币在早期精制币中最为娇气,尽管原包装带塑封,但塑封材料含有 PVC,很多币都有薄雾。近些年流行评级币,有薄雾的币去评级,高不过 68 分,但这个币有不少 69 分的,洗一下可能上到 69 分,但洗后容易出现紫点,如果再洗一次容易"掉光",使原光受损,底板反光度降低,喷砂可能看出"掉光",因此 11M 再评级"内蒙古"的价格都很高,现代钱币网曾在同一次大拍中 67 分 11M 再评级币价格高于普通 68 分币的情况。

"内蒙古"精制币很像机制币中的长须龙,一是币名气很大,二是收藏水平进阶的标志,有了这个币,就达到了一定的收藏高度。

"大40" 精制币

中华人民共和国成立40周年纪念币，简称"大40"，是由于币的中心位置有粗壮的阿拉伯数字"40"字样而得名，精制币的工艺虽然没有"内蒙古"精制币漂亮，但有特色，底板的橘皮纹可以说在早期精制币中独一无二。这种特色也是一种美，并且很耐看，越看越漂亮。

"大40"精制币的包装非常讲究，外为米黄色硬纸盒，内为黑红色木盒，木盒内的精制币有透明塑料盒子保护。虽然没有塑封，但保护效果不错，基本没有白雾，一般有黄色包浆，如果评级最好原状态送评，一般分数在67~69分。

"大40"精制币铸造量1 000枚，从目前了解的精制币铸造量资料来看，"大40"数量最少，最为珍稀。1 000枚的产量虽然高于660枚的1986年长城币，但"大40"精制币没有公开发行，作为国家和中国人民银行礼品，实际比1986长城币要珍稀得多，排在中国流通硬币大珍之首。

到目前为止，精制币收藏圈内出现"大40"精制币有数十枚，价格相比前两年略有回落，原味69分依然坚挺。

"植树节" 精制币

"植树节"精制币的包装为外纸盒内绒盒，和"建党"、"女足"精制样币的包装极为相似，证书也极为相似，表明"植树节"精制币的用途是礼品。那么是否公开发行过呢？

经研究发现，造币总公司曾经变更过植树节精制币的生产计划，原计划生产精制币礼品币2 000套，总行1 000套，造币总公司1 000套，后来更改了计划，总行和造总各2 000套，总计4 000套。由此还可以得出结论：早期精制币礼品装不仅是总行使用，造币总公司也在使用。

从目前我们所能得到的数据看，4 000套的生产量将是仅次于"大40"、"内蒙古"、"三小珍"的数量，比我们预期的要少。我最先看到这个数据时是令我吃惊的，其数量比1984年、1985年长城套币还少。但是1984年、1985年长城币是公开发行的，卖给国外经销商，基本不会离开收藏圈子，总行不会留有多少库存，而"植树节"精制币不是公开发行品种，是礼品币，总行和造币总公司都会有库存，所送出的对象基本不是收藏圈子，应该是金融行业和造币行业的客户、领导等。

笔者研究早期精制币的经验是，凡是礼品币，总行都会留有一定的库存。总行的库存不像币商的库存，币商的库存会随着市场价格的提高随时会卖出来，而总行的库存基本就锁死在总行了，市场价格越高，流向市场的可能性越低。现在总行使用数字化管理，库房的数量少一枚都很难，总行库存部分不应计算在市场流通量之内。

"植树节"精制币的精美度不高，喷砂与镜面的反差不够大，送评经常只得到精制 PF 或者 PR，经常没有后缀，但品相一般都很好，一是钢芯镀镍的材料不易氧化，二是它的包装有利于品相的保护，送评分数一般为 67~69，68 和 69 的比例很大。

所见有精美度非常好的"植树节"精制币，底板镜面完全反光，没有车轮光，但极为少见。

早期精制币之"联合国"、"抗战"、"世妇会"

精制普通纪念币"联合国"、"抗战"、"世妇会"在十年前被列为"小珍"，那时就觉得收藏难度比较大，但是和"大 40"、"内蒙古"等精制币相比，市场流通量多了很多。那时"大 40"和"内蒙古"精制币只见一二枚，被列为"大珍"，"联合国"、"抗战"、"世妇会"精制币至少有几十套在收藏圈子里，但比起"和平年"、"新疆"、"西藏"等精制币又少了很多，因此被列为"小珍"。

到了 2014 年，我查到了资料，"三小珍"的铸造量均为 2 000 套，这个数量完全出乎我的预料，没想到这么少，其数量和"内蒙古"相同。事实上，"内蒙古"精制币最近几年陆续在市场出现，而"三小珍"出现的数量相对要少很多，由此看来铸造量是重要依据，是钱币的基本面，与市场流通量相关度很高。

同为 2 000 枚的铸造量，"内蒙古"宣传得比较多，在多本现代钱币图书中出现在封面上，而"联合国"、"抗战"、"世妇会"宣传得比较少，但这三枚精制币是早期精制币的重要组成部分，也是珍品。

早期精制样币

中国普通纪念币早期精制样币目前发现六种，分别是"建党"、"女足"、"宪法"、"宋庆龄"、"大熊猫"、"毛泽东"，其他品种是否铸造了精制样币不得而知，只知道"希望工程"可能有精制样币，但一直未见实物。

这六种精制样币除了"宋庆龄"精制样币生产量为 2 000 枚，其余均为 1 000 枚（套），是中国现代流通硬币的珍品，普通纪念币的顶级收藏。

"建党"、"宪法"、"宋庆龄"、"大熊猫"四种精制样币的制造工艺都很精美，

"女足"精制样币的精美度就差一些,特别是扑球那枚,分浮雕有喷砂和浮雕无喷砂两种,无喷砂或者喷砂较轻的,通常评级的分数后没有后缀。我曾经见过踢球那枚有普制币带点镜面喷砂的,工艺与精制样币差不多,但没有"样币"二字,据说是从卷币里挑出来的,并非单独生产的精制币,因此这种币并未列入精制币,但价格比普制币贵了很多。

"大熊猫"精制样币极为精美,遗憾的是材料为紫铜,易氧化,其原包装极易形成白雾,因此原状态送评分数较低。

"毛泽东"精制样币的制造工艺与"毛泽东"精制币类似,币坯伤很多,压印力度也不够,但极为少见,目前仅见2枚,其中一枚在现代钱币网大拍中出现过。后来现代钱币网征集过各种精制样币进行拍卖,唯独未见"毛泽东"精制样币。

工薪阶层的钱币收藏之路

工薪阶层就是打工挣钱阶层,虽然单位性质不同,工资水平不同,职位高低不同,但都有一个共同的特点,按月领工资,年终领红包。

我在国有企业工作30年有余,是比较典型的工薪阶层。20多岁开始收藏钱币,在40岁以前,只买不卖,藏品不断增加。由于资金有限,所以生活节俭,一分钱掰成两半花,省下的钱用来买藏品。20世纪90年代末的某一天,我突然想算一下藏品价值,结果算了一半就不敢算了,给我吓了一大跳,自己都纳闷哪来的钱,买了这么多的藏品。其实都是平时省吃俭用,慢慢积累起来的,这时我感到自己的零花钱变成了财富。我想对于收藏者来说,这个阶段一般都经历过,不信自己就算一算,会让自己大吃一惊。

在我的收藏朋友圈子里,也有以倒卖为主的人,他们一般不太喜欢钱币,或者说喜爱的方向随时在改变。买钱币的目的就是为了挣钱,今天从这里买,明天从那边卖,挣到钱以后也不珍惜,随手就花掉,若干年以后回想,自己过手了很多珍贵的东西,如果留到现在不得了了。这种玩法一般是把平时的零花钱玩了,没有进行财富积累。

当然,这里所说的财富,是指个人财富,虽然数量不大,但还是能让自己震惊的。

收藏到一定年限以后,就会感觉自己的藏品很多了,并且很凌乱,有些品种买的复品很多,还有些东西够不上精品,或者文化价值不高,于是才有了出售的想法。卖掉一些藏品,腾出一些资金,然后买自己更喜欢的藏品,逐步完成由多向精的转化，确立自己的收藏方向，实现藏品结构的合理。

有些泉友买到一些藏品以后，等涨价后就卖掉，我觉得很可惜，就问为啥要卖，回答是自己是工薪阶层，需要以藏养藏，需要挣到钱以后才能买更好的藏品。这个想法从理论上说是没啥问题的，但具有这种思路以后，就留不住好藏品了，因为好藏品往往会涨价，也就最容易被卖掉，到头来还是一无所有。因此我建议，以藏养藏，必须一个品种买两枚或以上，涨价了可以卖掉复品，留一个是最起码的，既然玩收藏，就必须学会坚守！

第三节　后期普通纪念币

从 1996 年开始发行的纪念币统称为后期纪念币，这部分纪念币的普制币发行量为 600 万起，最大发行量达到 5 亿枚，价格最高的是 2003 年的贺岁羊，其余几乎没有贵的，20 世纪 90 年代发行的动物币，发行量只有 600 万枚，大部分品种的价格每枚几十元，在整个邮币卡市场中性价比是较高的。

后期精制币从"朱德"开始，发行量以 2 万套为主，工艺较为稳定，受到收藏者普遍欢迎，应该说是整个纪念币板块的亮点之一。但由于发行方最近两年集中放货，打击了收藏者的信心，价格回落，使收藏者利益受到影响，但我在本书的前面谈了观点，这是暂时的，精制币的基本面没有变，只是供求关系打破了原有的平衡。

样币最近两年随着线上直播的发展，受到了圈外玩家的关注，有新人进入，关键的"样币"二字格外让新人喜欢，价格看涨。后期样币及后期精制样币这两年都有新货出现，在慢慢消化，但最近有新的需求，有上涨势头。

人物系列及钢芯镀镍系列

造币总公司和上海造币厂叫"镍包钢"，中国人民银行叫"钢芯镀镍"，其实指的都是同一种材料，只是叫法不同而已。耐磨、硬度高、不易氧化，是这种材料的最大优点。但硬度高造成的压印困难，致使弱打的币非常多，无论是普制币还是精制币，在评级是都难评高分。

观察图 1-57 这两枚币，都有浮雕高点发黑、底板没有压实的现象，这是明显的弱打，明显弱打的评级难过 66 分。

钢芯镀镍系列从 1990 年"亚运会"开始，到 2015 年"新抗战"结束，出

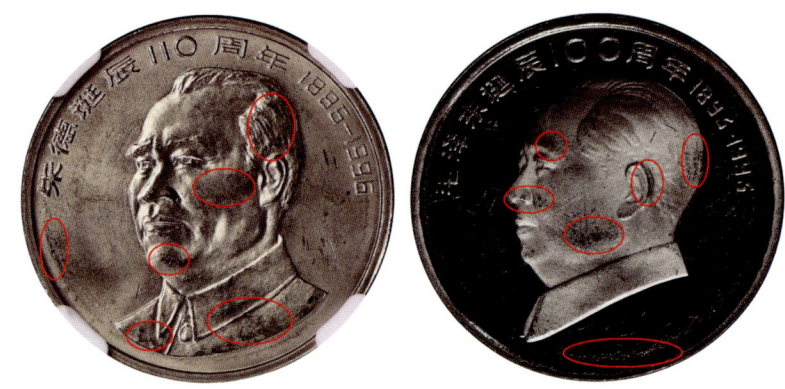

图 1-57 钢芯镀镍精制币的弱打现象

现了大量精制币和精制样币精品,除了"毛泽东"、"宋庆龄"、"宪法"、"亚运会"、"植树节"以外,其他精制币的精美度都很好,特别是"建党"精样、"联合国"、"抗战"、"世妇会"、"希望工程"、"世乒赛"、"朱德"、"敦煌"等都是精品。精制币珍品集中在这个系列里,"建党"精样、"女足"精样、"宪法"精样、"毛泽东"精样、"宋庆龄"精样、"联合国"、"抗战"、"世妇会",这8个珍品最大的铸造量是2000套,都很珍贵。

人物系列币现有8个品种,前7个品种都是钢芯镀镍材质,最后一枚"孙中山"为黄铜。这个系列的普制币龙头是"宋庆龄",精制币的龙头是"朱德","朱德"还是后期纪念币的第一枚,是整个康银阁系列的大龙头。康银阁装帧的五个人物精制币全部都是装帧2万枚,"宋庆龄"和"毛泽东"的装帧量稍大。"朱德"精制币相对"周恩来"和"刘少奇"来说,市场流通量明显偏少,可能是其装帧和发行时,正值1997年邮币卡高潮的顶峰,普制币达到了70元,币商拆卡当普制币更好卖。

贺岁系列

邮票、磁卡、金银币都发行过生肖系列。一是收藏,二是满足春节礼品需求,图案一般都是生肖动物图案,深受群众喜爱。流通纪念币没有直接发行生肖纪念币,而是发行了贺岁纪念币。很多收藏者把它视作生肖系列,也没有啥问题,因为图案含有对应的生肖动物,只不过第一轮贺岁币含有孩子过年的场景,第二轮贺岁币含有灯笼图案。

第一轮贺岁币从2003年的"贺岁羊"开始,到2014年的"贺岁马",共发行了12个品种,属于生肖题材,正好一轮。这个系列是贺岁系列的经典之作,普制羊和精制羊均受收藏者欢迎。2015从二轮羊开始,发行量加大,面值提高到10元,只发行了普制币,没有发行精制币。

贺岁系列的收藏重点是精制币和样币,精制币发行量2万套,有人说生产量10万套,其实很多后期精制币品种的生产量都是10万套,这个问题在现代钱币网长期讨论过,具体生产量也都搞清楚了。我个人认为,另外8万套除了少量礼品装出现在市场以外,总行不会再发行,每个纪念币品种总行都留有库存,都已经电子化管理,依照现在的制度,过了发行期再继续发行的可能性几乎没有。贺岁精制币的币边有区别于普制币的"J"字,这个区别非常重要。

世界文化遗产和台湾风光系列

世界文化遗产系列共5套10枚,体现了中华民族悠久的文化历史和旖旎多姿的自然风光,特别是万里长城,是中华民族的象征,题材优秀。台湾风光系列精制币3套5枚,将台湾最著名的旅游胜地置于钱币之上。两个系列一起评说,是因为他们有很多的共性。

"遗产"和"台湾"的材料均为黄铜合金,面值均为5元,普制币发行量以1 000万为主,其中遗产三组发行量最少,仅600万枚,因此价格在普制币中最贵,精制币发行量均为2万枚,制造工艺总体不错,但存在差异,有重喷砂和轻喷砂之分。图1-58左侧币喷砂明显厚重,视觉效果佳。

精制币在原装册中大部分存在起白雾现象,经过清洗后可以去除,但洗不好颜色会变白,影响视觉效果,因此原状态评级高分极为难得。

图1-58 不同喷砂效果的黄铜精制币

珍稀动物系列

动物系列纪念币共发行10枚,从1993年"大熊猫"开始,到1998年"蝶蛹"结束,其中"大熊猫"和"金丝猴"为单枚发行的,后8个币为两枚一组发行。动物普制币发行量都是600万枚,发行量不大,在整个普制纪念币系列中性价比较高。精制币除了"大熊猫"以外,发行量均为2万枚,版别较多,特别是动物礼品装,工艺精美,人见人爱。样币铸造量均为3 000枚,市场少见,在整个样币系列中,动物样币独树一帜,个头大,10枚集齐极为难得。

"大熊猫"精制币的发行量较大,精美度高的少见,所以价格由精美度决定,如果钱币送评后给出DCAM后缀,会成为大拍的亮点。"金丝猴"的精美度最高,所以价格最高,特别是猴子皮毛喷砂厚重的,深受欢迎。"华南虎"和"白鳍豚"也有类似情况,价格随精美度调整,精美度高的,双面喷砂的,价格就高。"华南虎"还分出一个缺石版,由于数量较少,价格已达数千元一枚。

由于材料使用的是紫铜合金,抗氧化能力较差,所以很大比例的动物精制币都氧化了。有的打开整包,每一枚都有氧化,但氧化均匀,从币的边缘向中心逐渐氧化,颜色偏重,对镜面效果的影响不大,但也有一些动物币,氧化不均匀,长出红斑甚至黑斑,严重影响了视觉效果。

动物精制币的评级分数主要由包浆决定。其实除了"大熊猫"以外,其他品种伤痕都不多,包浆遮盖的程度和斑点在很大程度上决定了分数,原状态评级68分就算高分了,为了评得更高分,洗币情况比较多,因此原状态或者贴11M标的评级动物币更受欢迎。

动物系列的每一枚精制币都存在拆卡装册子的问题,这种现象在2005年之前存在。这就是市场规律,只要精制币价格低于或等于普制币价格,精制币就会被拆卡。即便精制币和普制币的价格相等,也会被拆卡装册,因为精制币卖不掉,只有装册了才能卖出去。

2000年以前发行的精制币,或多或少都有消耗,就是因为很少人愿意要,币商不会长期压货,想卖掉就得拆卡装册。而后来发行的精制币,被拆装册的可能性就很小了。

最近几年喜欢动物精制币的泉友结成了一个小团体,经常在网上交流,研究版别,推广动物币,取得了可喜的成绩,缺石版"华南虎"就是重要成果。

精制暂停发行对后期市场的影响

普通纪念币普制币的发行方式不断进行改革，属于前进中的改革，始终没有中断发行；精制币从 2015 年开始中断发行，随后有各种恢复发行的消息与猜测，但始终未见动静。

是否能够恢复精制币的发行，取决于能否找到导致中断发行的解决方案。2015 年中国人民银行开始预约发行，公布各地区的发行量，使得民众有平等的机会获得面值兑换的机会，收藏爱好者从此不需要高价购买当年发行的纪念币了，反而可以多预约一些溢价卖给币商，受到了大多数钱币收藏爱好者的欢迎。中国人民银行的这次改革，保证了纪念币在发行环节的公开、公平与公正，但与此同时，中断了普通纪念币精制币的发行，笔者猜测是中国人民银行没有找到公开、公平、公正的普通纪念币精制币的发行方案。

图 1-59　2014 年"贺岁"精制币

2020 年中国人民银行对普通纪念币发行继续改革，于 7 月 23 日发布了《普通纪念币普制币发行管理暂行规定》，目的是"普制币采取逐步市场化发行方式，遵循公开、公平、公正的原则"。

很多人没有注意到，这次是中国人民银行特意提出"普通纪念币普制币"的概念，意思是不包含精制币，很容易让人联想到，可能有一个对应的《普通纪念币精制币发行管理暂行规定》正在酝酿中。

那么精制币会恢复发行吗？什么时候可以恢复发行，那就看何时能够制定出《普通纪念币精制币发行管理暂行规定》，这个规定依然要符合这样的基本原则："采取逐步市场化发行方式，遵循公开、公平、公正的原则。"

最后我们再分析精制币暂停发行或者停止发行对钱币收藏市场的影响。

很多人担心，精制币暂停发行影响了新人的参与度，不利于后市的发展，甚至有人担心，现金的使用量在减少，一旦电子货币取代实物现金，钱币收藏会走邮票的老路，逐步萎缩。

预测后市是非常困难的，我们尽量不去预测，我们先分析下现状。现在邮票已经基本失去了使用功能，大家感受到了收藏人数在减少，但是精品邮票的价格在上涨，比如文革邮票、猴票、一些珍邮。价格上涨的理由很简单，邮票虽然现在没有使用价值了，但它记录了邮政的历史，留下了历史的脚印，这个脚印无论多少年你都擦不掉，是历史的见证。也就是说，并不是不用了就没人玩了。我经常举鼻烟壶的例子，早就没人吸食鼻烟了，完全失去的使用价值，但是鼻烟壶是古董，经常出现在苏富比和佳士得的拍卖会。

因此，我们不用担心精制币是否恢复发行，更不用担心将来电子货币是否取代实物现金。钱币是商品经济发展的产物，伴随人类发展几千年，比起任何收藏品，钱币与当时的政治、经济、文化、科技等相关度都要更大。太远了不说，在未来的数十年、数百年内，钱币都是人类重要的收藏品。

品相与精美度

钱币的品相指钱币的表面状况，钱币的精美度指精制币的精美程度，两者是不同概念。

品相好坏主要取决于钱币压印效果和保存状态。经过流通的钱币，表面必然产生流通痕迹，有些出厂状态的钱币，在生产和包装过程中，就产生了缺陷，影响了钱币的品相。品相有很多描述方法，最可量化的就是美国 PCGS、NGC 等公司的评级标准，根据钱币的表面状况，取得不同的分数。

精美度的概念在《中国普通纪念币珍品图录》中率先使用，只针对精制币，主要是判断精制币的制造工艺水平，考察的是精制币的出厂状态。其与保存状态无关，与品相无关，根据钱币喷砂和抛光的效果，把钱币的精美程度分为 1~5 级。极其精美的钱币，精美度为 5 级，但如果有氧化或划痕等缺陷，品相可能很差，但不影响精美度。此标准公布后得到大多数收藏者的认可，《中国现代流通硬币标准目录》一书根据泉友反馈意见对具体品种的精美度进行了修正，使得更加规范。

钱币的品相和精美度没有直接的关系。精美度低的精制币，可能品相很好，只要钱币表面没有氧化、划痕等缺陷。而精美度高的精制币如果有划痕、保存不好，品相可能很差。但总体来说，精制币比普制币品相要好，因为精制币在生产环节更加仔细，单枚装帧，受到外界损伤的机会更少。

细节控

最近新买一件棉衣，做工很精致，我很喜欢穿，但是穿了一段时间以后，发现棉衣的后部下沿出现了里子外翻的情况，没事就摸一下，感觉衣服的设计有点问题。

周末女儿回家，我就跟她说衣服的设计问题，她说没人注意这个问题，尽管穿就好了，说我有点细节控，可能跟玩钱币有关。

我马上意识到我确实很注意细节，因为玩钱币需要观察细节，无论是版别还是品相，都需要关注细节，这种习惯已经引入了我的生活习惯中。

对于一件衣服，大家关注的颜色、式样、大小是否合体、整体效果等，对于设计与做工的细节并不在意，这是一般的大众审美观点。我联想的钱币审美，大多数人可能也是这样，注重的是整体审美，并不关注具体细节。一些很小的划痕、斑点、氧化等不太影响欣赏，甚至正常的磨损只要图案清楚也不被看做太大的缺陷，这属于历史的痕迹。难怪很多 XF40、XF45 的钱币最近两年很受追捧，包浆好看的很多币的价格超过 AU 级，与 MS 级的价差也在缩小。

其实对于精制币来说，基本都是未流通，与流通钱币相比，品相相对区别较小，并且数量整体不多。无论是精制分币、老三花、长城币还是精制纪念币，以两万套为主，有的品种更少。目前的情况是都在追 68 分或者 69 分，66 分以下大家都很抵触，当然大家都喜欢好品相的，但还有一个性价比的问题，并不是所有人都追求细节，对于大多数普通收藏爱好者来说，也没必要必须追求高分，还是拥有更重要，拥有就比没有强。

大家都知道最近三年机制币价格大涨，但高分币涨幅最小，原来大家追捧的 64、65、66 分大头、小头、船洋以及 63、64 分的龙洋，涨幅只有 3~4 倍，包浆币、低分币涨幅要大很多，比如 45 分的币涨 8~12 倍。

本轮机制币行情高分币涨得少的原因就是以前大家喜欢高分币，那时刚接触评级，但后来大家开始喜欢包浆，而高分币大部分是白币，少有好味道的，白币才能评高分，所以低分涨得多。

细节控中的"控"是中性词，如果发展成为"癖"就是贬义词了，希望大家控制好深度，结合自身情况，快乐收藏。

钱币还原

PCGS 称作还原，用词文明；NGC 称作养护，用词讲究；中国泉友称作洗币，用词奔放，会让人联想到洗衣机。其实说的都是一个意思，就是去除钱币表面的氧化点、氧化层、手印或者污垢，使钱币更加漂亮。

针对现代流通硬币还原问题一直存在争议，这是影响当前评级币发展的大问题，我想针对钱币是否需要还原谈谈自己的看法。

我曾经在国家博物馆看了"地中海文明——法国卢浮宫博物馆藏文物精品"，看到了很多四五百年前的油画，色彩艳丽，闪闪发光，很像是新画的油画。我还特意向前探着身子仔细看了几幅，有的油画上有小裂纹，有的连裂纹都没有。我很好奇，就问现场的解说员，为何保存得这么好，解说员说，这批油画在北京展出三个月，带回去养护可能需要半年。也就是说，养护时间比展出时间还要长。

一幅油画，经历几百年沧桑，一定是颜色黯淡，失去光泽，也会有很多裂纹，会显得很破旧，如果不进行养护，不可能那么光鲜，不可能那么新，所以油画肯定是需要养护的。

记得我公司以前招过一名职工，是刚毕业的大学生，没有任何工作经验，我看好他所学的专业才招进公司的，叫文物鉴定与修复专业。为什么上大学要学文物修复，是因为这是一门科学，据说故宫非常缺少文物修复工作者。一件打碎成碎片的瓷器，可以修复成原样，从远处看就像是完美的，一件铜镜，可以把裂痕修补得完好无缺，展现原有的风采，经过修复的文物可以增值。

中国现代流通硬币由多种材料铸造，镁铝合金、铜镍合金、铜锌合金、钢芯镀镍、紫铜合金、双色金属组成了多彩的系列钱币，而只有钢芯镀镍的抗氧化能力最强，我认为甚至超过了黄金，其他金属都容易氧化的。我以前的文章曾经提到过，在 2006 年我曾见到一批受潮的"植树节"精制币，没有外纸盒，打开绒盒，里面长满了白毛，证书经过处理后留下了灰色的斑点，但是里面的钱币丝毫没有氧化，还和新的一样，我打开了很多盒检查，都是一样的完美。从目前的情况来看，黄铜币和紫铜币都存在氧化情况，养护也是以这两种材料为主。有的钱币氧化得很厉害，比如 1997—2000 年的精制五角，很多大面积黑斑，非常难看，欣赏效果极差，如果不及时进行还原，还会继续氧化，因此，这种情况就需要还原。很多币商都掌握一定的还原技术，PCGS 和 NGC 作为专业的钱币公司，肯定有自己的方法，那么为什么中国收藏者抵触修复与还原呢？我想原因就是诚信缺失造成的，很多不诚信的商人，把修复的文物当完好的卖，坑害收藏者，使得大家对这门科学都抵触了。

有些钱币氧化均匀，所形成的的氧化膜是一种保护膜，有些氧化层形成五彩氧化，还很美观，这种情况就无需养护。

有些钱币只是有水迹或污迹，养护的目的是为了更漂亮，这种钱币也许就不需要用化学方法去除，如果把币都洗得变色了，那就是杀鸡用牛刀，过分养护了，是破坏性的养护。

还有些钱币，氧化比较均匀，只是光泽偏暗，但影响评级分数，还原的目的就是为了博取高分，这样的养护，是藏家所不喜欢的，原因是打乱了评级价格体系，不利于评级币的长远发展，这属于评级公司的评级标准与中国藏家的审美取向不同造成的。

相同分数存在养护和不养护两种情况，大家认为价值不同，评级公司无法解决这个问题，因为评级公司的评级标准需要保持稳定，不会根据不同国家的审美倾向制定不同的标准，原状态评级与 11M 再评级在一定程度上解决了这一难题。

钱币制造工艺与鉴定

很多泉友建议我写一本有关假币的图录，这样大家容易识别假币，其实假币层出不穷，任何一本假币的书都无法全部覆盖，而真币对于一个品种版别只有一种，所以识别真币是解决问题的根本，必须了解真币的特征。为了更深刻地了解真币特征，就需要了解钱币的生产过程与工艺，这是钱币鉴定的基础。

中国最早的货币是贝币，掌握了青铜冶炼技术以后开始铸造金属货币，直到晚清，金属货币的制造工艺都是使用浇铸技术，这一点与西方国家的制造工艺完全不同。西方国家制造钱币都是使用打制技术，最早使用锤子砸，后来随着生产力的发展，不断改进技术，直至使用机器压印，这就是常说的机制币生产。

浇铸与压印（或打制）是两种不同的生产技术和工艺，所以鉴定的方法不同。美国 PCGS 与 NGC 是从美国钱币鉴定开始发展，后来鉴定欧洲钱币，他们了解压印工艺。其实压印和打制是基本相同的工艺，只是技术上有提升，因此，这两家公司只鉴定机制钱币和打制钱币，哪怕是几千年前古希腊的打制钱币他们都可以鉴定，但对我国100多年前的浇铸钱币不予鉴定。生产工艺不同是关键的原因。

有人说，中国钱币鉴定市场由美国钱币评级公司主导，这是错误的。因为美国公司根本不鉴定中国古钱币，他们只鉴定机制币和现代币。中国古钱币、银锭完全由中国评级公司鉴定，占有100%的市场。

19世纪末，大量洋钱流通于中国，两广总督张之洞奏请光绪皇帝引进外国机器自制银圆，批准后，开始了中国使用机器制造钱币的先河，就是我们俗称的机制币。几十年后，中华人民共和国成立，开始生产现代钱币，曾经生产机制币的沈阳造币厂和上海造币厂研制了硬分币的材质和生产工艺。

不同种类的钱币有不同的生产工艺，就会有不同的鉴定方法。中国古钱币都是采用浇铸工艺，目前只有中国的钱币评级公司可以鉴定，是从钱文风格、锈色等方面鉴定；机制币使用模具压印，币形规整，是从原光、压印、包浆、磨损等方面鉴定；现代钱币由于主要鉴定未流通品，基本不用考虑钱币的正常磨损与人为加速磨损问题，所以重点是钱币的压印和原光。

浇铸钱币也有原光，只不过古钱币一般都有较厚的锈，很难见到原光。银锭也是浇铸钱币，未流通品也有原光，只是与压印钱币的原光不同。

机制币是用压印机压印出来的。上下两个模具（现代流通币为了提高脱模速度已经不用立式压印机），把币坯放中间，币模的硬度远大于币坯，加压币坯，币坯受到挤压后开始变形。由于机器的压力很大，我们可以把币坯看作一个面团，金属受压后流向币模的低洼处形成图案文字，同时向四周流动，遇到模圈后形成边齿。

币坯金属受压流动过程中与币模摩擦，形成独特的钱币表面状态，这种状态就是钱币原光，这种原光是压印时形成的，与金属浇铸、切割、打磨等工艺产生的原光截然不同。

机制币主要有两种原光，一种是普制币的车轮光，一种是类镜面原光；现代钱币也是两种原光，普制币的车轮光和精制币的反光，我们这里重点研究现代币。

现代币从生产工艺上分普制币和精制币。普制币一般用于流通使用，对生产质量要求不高；精制币一般作为礼品使用，多用于收藏，对产品质量要求高，追求视觉效果，模具的浮雕部分喷砂，底板需要抛光，币坯表面需要抛光，压印后的钱币明暗对比强烈。

我们仔细观察钱币，发现每种钱币都有自身的特点，即便是相同材质的钱币，也会受到诸如币模和币坯的加工工艺与硬度、压印速度与压力、浮雕的设计形状与高度等影响，产生不同的原光效果，下面举几个例子。

图1-60 "建行"普制币真币

"建行"币由于价格较贵，所以假币最多，我们看下它的原光比较强（图1-60），正背面均匀，而假币原光较弱。

由于国徽浮雕较高，对应的模具较为低洼，形成了明显的透打，表现为人行大楼的下部透打明显。

图1-61 人行大楼下部透打明显

币边是钱币的第三个面。不同的钱币有不同的币边，建行为齿边，这是钱币的防伪之一。

图1-62 "建行"真币的齿边

最早的西方钱币是没有边齿的,币坯受压后可以随意向四周延展,所以钱币的大小不一。加上钱币的材质为金或者银,所以总是有人通过刮边来取得贵金属,这样币的直径会越来越小。后来钱币设计了边齿,在钱币压印前,在币坯的外侧放置模圈,币坯受到挤压后金属向四周流动,当遇到模圈后不会再继续向外流动,金属进入模圈沟槽形成与模圈形状对应的币边。钱币设计了币边之后,刮边取得贵金属的情况大为减少。

普制"建行"的币边是较为典型的流通币币边,呈圆弧形,边齿沟槽为椭圆形(图1-63,左)。精制"建行"由于压力大,币边接近直角形,边齿沟槽仍为椭圆但接近长方形(图1-63,右)。如果压力足够大,币边将为直角形,边齿沟槽为长方形。

图1-63 普制"建行"沟槽与精制"建行"沟槽

既然提到了精制"建行",顺便把它其他特征讲一下。精制"建行"没有透打现象,原光特征是喷砂较为细腻,底板镜面反光度不强,有轻微车轮光,一般都有闪光性损伤。

以上就是普制"建行"和精制"建行"的典型特征。掌握这些特征后,再看见假币,第一眼就会有哪里不对劲的感觉。

硬分币常见假币就是"五大天王"改刻币与早期分币假币,改刻币是用相似年号的真币通过改刻年号的一个数字完成,其他不作改动,所以我们经常看到版别不对,那就一定是改刻的。另外,改刻年号的地方也会留下改刻痕迹,周边底板原光会被破坏。

早期分币几乎每个品种都有自己的原光特征。如1955年的一分、五分由于材质原因，原光显得昏暗，而相邻年份 1956 年二分和 1957 年一分、五分原光明亮，形成鲜明对比，1958 年一分底板大部分有制造缺陷，模具抛光痕很重。

钱币鉴定需要根据钱币的制造工艺来认识真币，只有对真币有充分的认识才能识别假币。衡量一家钱币鉴定评级公司的水平，不仅看有多少假币进盒，还要看有多少真币不进盒，假如大开门的真币评级公司判假或者不确定真假，那说明他们不会看真假。

有些流通使用过的钱币，或者严重清洗的钱币，原光受损，会增加辨别真假的难度。这时就要看是否为正常流通，因为假币都需要做旧，人为加速流通，故意清洗。好在现代流通币还没有这种情况，做假的成本高于币的价值。

钱币规则

人类的各种活动都要遵从规则，法律是国家基本规则，是强制性的，每个人都要遵守的规则。我们从事的各种活动也都有对应的规则，比如上班要遵从规章制度，经济活动有合同法等法律制度。

娱乐活动也有规则，规则是否完善，关系到这项活动的参与群体是否能够健康发展。比如足球，由于规则的完善，成为最受欢迎、最为普及的体育运动之一。在扑克牌游戏中，斗地主听说最早产生于湖北，后来传遍全国，原因是竞争性强，它的规则非常合理，是运气成分与操作技巧的结合，很容易让人上手。

钱币收藏也不例外，钱币目录就是规则的一种。它揭示了收藏的范围，明确了钱币的版别，一般还标注珍稀度和价格，让收藏者有章可循。《中国现代流通硬币标准目录》就是公认的权威目录，其不断再版，根据最新研究成果不断更新完善内容。

钱币评级是钱币收藏的基本审美规则。中国历史人物杨贵妃被称作美女，我们虽然都没见过真人，但她是历史上公认的美女，是从身材、五官、四肢比例等要素综合评出的。钱币评级是结合原光、压印、痕迹、磨损、视觉效果等要素综合评出的，有不同的分数来量化，是目前大家普遍认可的量化标准。

包浆是近年来被钱币收藏家比较看重的审美规则。大家喜欢有漂亮包浆的钱币，虽然包浆已经被评级标准纳入审美范围，但评级标准中，包浆大部分被认为是负面，因为大多数包浆遮盖了原光，使得车轮光与镜面反光变得暗淡，只有少数色彩美丽、没有或极少遮挡车轮光或者底板反光的钱币才能获得加分，因此洗币成为获得更高分数的手段。在这种情况下，大家重新认识有包浆的钱币的价值，因为大量钱币被清洗以后使得拥有原始包浆的钱币成为相对珍稀。

"原状态"是大量假包浆出现以后形成的新兴审美规则。假包浆是因评级需要高分与包浆审美应运而生。首先擦洗的钱币不能给分，需要假包浆来遮盖，其次假包浆可以掩盖修补、痕迹等瑕疵，所以利益驱使商家做假包浆。同样分数的钱币，有包浆的钱币可能比白光币价格高一倍或以上，这样白光币就有必要做假包浆来获取利润，因此识别原状态非常重要。

钱币再评级是由于评级币的同分不同价而产生，这是一种新的钱币规则，已经得到现代流通币藏家的认可。

收藏者只有熟悉掌握各种钱币规则，才能准确地对钱币进行估值，以不断丰富自己的藏品，不断完善自己的藏品结构，以及买到货真价实的钱币。

各种钱币规则不断产生与发展，收藏者的审美标准也在变化。实践是检验真理的唯一标准，因此规则的合理性、可操作性、趣味性关系到钱币事业的发展与未来。

爱好

有人喜欢旅游，有人喜欢摄影，还有人喜欢钓鱼，每个人都有自己的爱好，爱好是在自己的生活实践中慢慢养成的一种习惯，这里谈谈我的一些爱好。

大家都知道我的爱好是收藏钱币，其实我还有两个爱好：喝酒、打高尔夫球。

先说喝酒，也不记得从啥时开始，喜欢喝点小酒，后来逐渐养成了每天都喝点的习惯。量不大，但每天晚上喝，有时跟同事喝，有时跟亲戚朋友喝，大部分是自己在家喝。起初喝酒不在乎喝什么，有酒就行，后来喜欢喝白酒，52度或53度的高度白酒。

由于假酒太多，酒精勾兑酒太多，曾为不会区分真假酒而苦恼，听朋友介绍，告我从正规渠道，买大厂的白酒，质量就不会有问题，并教会了我在网上买酒。

大家都说老酒好喝，所以我得自己存点酒，于是没事就打开手机，看看有没有便宜酒，一买就是5箱，有时买10箱。买酒也上瘾，有时感觉比喝酒还上瘾，酒的种类很多，牌子也多，总想买，家里经常接到送酒的快递。最初老婆也不说啥，但是买多了，后来老婆就问一句："又买酒了呀"，我总是回答："便宜"，虽然老婆没说反对我买酒，但一个"又"字，就表达了不支持，所以我后来大部分酒就送办公室并存放在办公室，尽量不往家送。

喝酒可以让人产生头晕的感觉，但酒后的晕，不是病态的晕，是幸福的晕，是一种兴奋。特别是和朋友一起喝，都喝晕了，相互吹吹牛，平时对别人有意见不敢说，借助酒劲发泄下，感觉很美好，因此，我有很多酒友，全国各地很多地方都有酒友，见面必喝。

喝酒这个爱好，给我带了很多快乐。回想这么多年，买了不少酒，花了不少钱，现在想留下了什么实物吗？没有，什么都没有。

再说打高尔夫球，最早接触高尔夫球是在2002年，那个时候北京的球场还不多，我估计不足十个球场，那时就是觉得是一项比较适合我的运动。在打高尔夫球之前我每周都去打网球，自从开始打高尔夫球以后就放弃的网球，我当时有一个球友，关系很好，除了一起打球以外还经常一起喝酒，可以说是情投意合。

都说打球是贵族运动，跟奢靡之风联系起来，其实也不完全是。有很贵的球场，也有便宜的，这是一项体育运动，很多工薪阶层都在打球，穷人有穷人的玩法，近20年来，这几乎成为我唯一的运动方式，随着年龄的增长，越来越觉得这项运动很适合中老年人。

我那个球友经常说，要是打成职业就可以挣钱了，很多高尔夫运动员都挣了很多钱，但人家打球挣钱，我们打球是花钱，包括参加比赛也要交报名费，名次好的话就是给个奖杯或球具，从来没有挣到一分钱。

最后再说说钱币收藏，我从1990年开始收藏钱币，涉及现代流通币、现代纸币、现代金银币、机制币。这些年无论行情如何变化，买币是主旋律，上涨也好，下跌也好，都没有阻止我买币的热情，就是因为喜欢。

这期间也有卖币的时候，卖主要是卖复品，卖重复的，但也有把唯一藏品卖掉的时候。一是十年前把金银币大部分卖掉了，留了一小部分自己喜欢的；二是最近几年把机制币大部分卖掉了，留了少数几枚特别喜欢的。

机制币收藏从20世纪90年代开始，从嘉德、太平洋、华晨、诚轩等各大拍卖公司都买过，因为机制币比较贵，买的数量并不多，由于收藏跨度时间长，对机制币的理解逐步加深，所以收藏的过程是不断学习的过程，不断优化品种与品相的过程，在数量最多的时候达到了将近40枚，基本没有复品。

最近几年机制币价格不断走高，也就没有再买。由于这个板块不是我的主要收藏方向，也没有收齐的想法，即便有想法也不可能收齐，所以价格的诱惑，促使我不断卖出，想腾出钱了买自己更喜欢的现代币。到目前只剩下几枚，都是最喜欢的币了，实在舍不得卖了，我粗算了一下，最近几年卖出了700多万元的机制币，让我自己都感到吃惊。

收藏是财富积累的过程，不但丰富了业余生活，而且藏品还能增值，有时增值幅度很大。这个爱好是我三大爱好唯一能挣钱的，属于投资型爱好，而喝酒与高尔夫属于消费型爱好，会不断地花钱。

每个人都有自己的爱好，有投资型和消费型，如果全是消费型爱好，我建议增加一种投资型的，这样可以相互补贴，使自己的爱好得以延续。随着年龄的增长，都有退休的那一天，那时会感觉投资型爱好还能提高晚年的生活质量。

中国现代流通硬币珍品

由于人民银行对 2005 年以后的纪念币样币进行了严格管理，收藏难度太大，因此后期样币不参加珍品排序。综合最近几年新的研究、收藏成果，对原来的排序进行调整是必要的，中国流通硬币按照珍稀程度，学术地位，精美度，排出八大珍，八小珍。

中国现代流通硬币八大珍：

1. 中华人民共和国成立 40 周年精制普通纪念币

2. 1986 年精制长城套币

3. 中国共产党成立 70 周年精制样币

4. 第一届世界女子足球锦标赛精制样币

5. 内蒙古自治区成立 40 周年精制普通纪念币

6. 毛泽东诞辰 100 周年精制样币

7. 中国珍稀野生动物大熊猫精制样币

8. 中华人民共和国宪法颁布 10 周年精制样币

中国现代流通硬币八小珍：

1. 中国抗日战争和世界反法西斯战争胜利 50 周年精制普通纪念币

2. 联合国第四次世界妇女大会精制普通纪念币

3. 联合国成立 50 周年精制普通纪念币

4. 宋庆龄诞辰 100 周年精制样币

5. 中华人民共和国成立 35 周年精制普通纪念币上海版

6. 1984 年精制长城套币寇波版

7. 西藏自治区成立 20 周年精制普通纪念币高精礼品币

8. 迎接新世纪精制样币

PCGS

全球收藏家认可与信赖

品鉴真藏之悦

PCGS上海办公室
上海品吉伟仕商务服务有限公司

上海市黄浦区九江路675-685号长江新能源大厦10楼
工作时间：周一至周五10点至18点
电话：400-820-1988
电邮：info@pcgs.com.cn

*仅收藏家俱乐部会员可直接提交至PCGS上海办公室。
送评通过电话或邮箱提前预约，PCGS上海办公室不接受任何未预约的送评。

关注官方微信
获取更多信息

扫码添加客服
直接留言沟通

始于1986

微小环形文字

防滑惰性塑料

无边缘
缝隙设计

NFC标志

NFC防伪
安全技术

防伪全息图

币盒内添加
特定追踪元

 金盾防伪标识
Gold Shield Security

 一经入盒,终身保证
Life Time Guarantee

 内置NFC芯片溯源
NFC Anti-counterfeiting Technology

 高清图像呈现细节
TrueView Imaging

现代钱币收藏与投资

金银币篇

  金银币具有权威性、垄断性、限量性和高价值性等特点。最近十多年来,喜欢金银币的人越来越多,金银币的收藏投资群体不断扩大。对他们来说,颇为重要的是如何准确辨别一枚金银币的价值,如何树立正确的收藏投资理念以及究竟应该怎样避免走弯路。本篇将会一一为读者揭开。

第一章 金银币概述

第一节 金银币发行历史概况

我国正式发行贵金属纪念币是在1979年（民间俗称金银币，考虑到称谓方便与收藏者的习惯，本书将会用金银币指称贵金属纪念币。但需要指出的是，民间所称的金银币，其实包含的不仅仅是金质和银质纪念币，还有铂、钯等稀有金属制造的纪念币）。时至今日，已经发行的品种高达2 000多个，其中有生肖系列、熊猫系列、杰出历史人物系列、古典名著系列、五千年传统文化系列等。从最小的一克金币到最大的十公斤金币，从经典的圆形金银币到方形、多边形等异形金银币，从传统的本色金银币到彩色金银币。规格多样，琳琅满目，令人目不暇接。除了单枚成套的金银币外，还发行了多枚组成的套装金银币，甚至还出现了多组套装构成的系列金银币，蔚为大观。

按照《中华人民共和国人民币管理条例》的分类方法，纪念币包括普通纪念币和贵金属纪念币。和普通纪念币一样，贵金属纪念币也只能由中国人民银行发行，具有和普通纪念币一样的要素：国号、年号和面额。唯一不同的是，贵金属纪念币虽为法定货币，却不参与货币流通。中国金币总公司是中国人民银行直属的我国唯一经营贵金属纪念币的行业性公司，履行贵金属货币的发售职能，成立于1987年，总部位于北京，下设上海金币投资有限公司、中国长城硬币投资有限公司等分支机构与北京、上海、深圳三地经销中心，并有百余家特约零售商共同销售金银币。

图2-1　1克熊猫金币

图 2-2 桂林山水异形金币

图 2-3 万象更新彩色银币

图 2-4 熊猫 1 盎司铂币

图 2-5　熊猫双金属币

图 2-6　熊猫金币发行 20 周年镶金 1 公斤银币

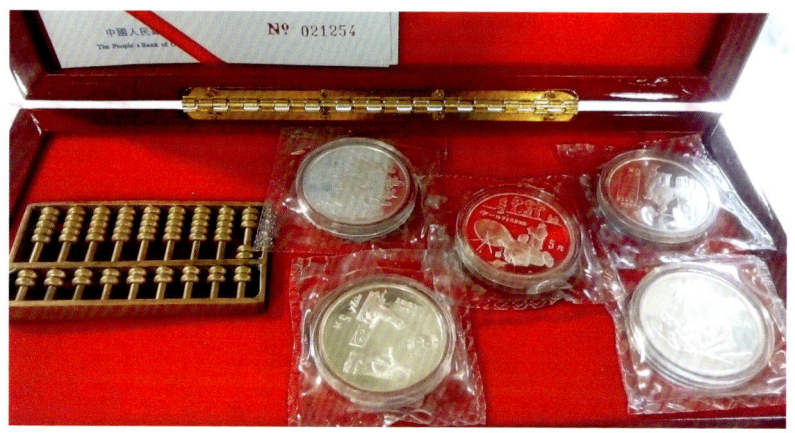

图 2-7　古代科技发明发现第二组银币

金银币行业实施产销分离，销售工作由中国金币总公司负责，生产制造则由中国印钞造币总公司下属的上海造币有限公司、沈阳造币有限公司以及中国金币总公司下属的深圳国宝造币有限公司完成。另外，我国还曾委托国外造币厂加工过一些铂币以及彩色金银币。2000年以前，我国发行的金银币，很多都是由境外的金银币开发商向主管机关申报立项，而后由造币厂组织生产，销售主要面向海外。这些金银币具有题材丰富、发行量小、工艺设计精美等特点，广受国外钱币收藏家喜爱。例如大名鼎鼎的古代科技发明发现系列金银纪念币，气势磅礴，共发行了5组金银纪念币，其中含2枚一公斤的金币，5枚一公斤的银币，堪称巨无霸！除了标准规格的金银币外，还发行了加厚银币。2000年后，受国际市场销售持续萎缩、我国国民收入水平上升、国内市场需求增加等因素影响，金银币发行主要面向国内。中国金币总公司在销售体制上大胆探索，形成了特许经销商、特约经销商、会员直销中心等多种形式组成的销售体系。

图 2-8　上海造币有限公司

图 2-9　古代科技发明发现5盎司指南针银币

图 2-10 古代科技发明发现加厚银币

第二节 国内金银币市场的发展

20 世纪 80 年代，由于当时主要以海外为发行对象，国内金银币市场没有形成体系，多为零星销售。到了 90 年代，随着我国居民财产收入不断增加，在上海、北京等地相继出现了一定规模的金银币交易市场，如上海卢工市场、北京马甸市场。自从金银币评级在国内兴起，伴随着迅猛的网络交易发展，金银币成交的渠道逐渐从线下走向了线上。不仅有易金在线这类专门以金银币为主要经营对象的专业交易网站，还有如现代钱币网等的大型综合交易平台也纷纷开展了金银币交易，甚至部分微信群也推出了金银币专场竞投，让金银币爱好者有了更多的交易渠道。

从金银币市场的历史发展来看，20世纪90年代开始，市场逐步发展并形成一定规模。1995年首届北京钱币博览会的成功举办，掀起了一股金银币收藏热潮，越来越多的钱币收藏者开始涉猎金银币。转眼间，在1997年邮币卡风暴中，当时一枚面值10元的香港回归纪念银币甚至被炒到6000元上下。由于过度炒作透支了后期的上涨空间，且当时资金匮乏，不久泡沫即被刺破。金银币市场一蹶不振，直到2003年开始金银币的藏家才开始逐步稳定增加。2007年起，各地纷纷自发组成了金银币收藏与研究的民间组织，拍卖公司开始举办中国金银币专场拍卖会，卢工邮币卡市场经营金银币的币商越来越多，交易开始活跃。到了2009年，随着国家四万亿经济刺激投放，各投资市场非常热闹，金银币市场迎来了前所未有的繁荣。投资者不断增加，场外资金不断注入金银币市场。到了2010年4月份，金银币价格开始直线上涨。当年10月份国庆节刚过，不少金币出现了跳涨的局面。2011年春节过后，金银币市场开始了旷日持久的调整，部分前期涨势迅猛的金银币价格出现了下落。

这波低迷的行情持续了相当长的一段时间。2011年以后进入市场的投资者大部分出现了不小的亏损，有些金银币爱好者对后市非常担忧。这些担忧也并非多余。事实上，直到2021年金银币市场也不见大的起色，不少金银币收藏者将目光投向了其他钱币板块。但值得注意的是，随着国家对文化产业发展的高度重视、发行机关对金银币发行政策的适时调整以及民间对金银币文化价值研究的持续深入，越来越多的新收藏者、投资者将认识到金银币的收藏和投资价值，并加入金银币群体中来，我们相信，金

图2-11　上海卢工邮币卡交易市场

银币市场一定能够再次走向辉煌。

第三节 "老精稀"与"新精品"

谈到金银币投资收藏，必须要提到"老精稀"。对目前已经发行的金银币进行划分，2000年以前发行的大部分金银币品种因为实际产量相对较少，其中又不乏精品，因此被称为"老精稀"。有人认为发行距今仅二三十年的金银币算不上老，但笔者认为"老精稀"中的"老"是一个相对的概念，这里的"老"更多是用来和2000年后发行的金银币在区分上方便而言。2000年前后，金银币发行的体制、品种、数量等全然不同，性质迥异，因此将2000年前的称为"老"。谈到"精"，目前争议似乎很大。有人认为2000年前中国当代金银币工艺水平比较落后，设计理念亦受到局限，产品给人感觉比较呆板，认为"老精稀"称不上"精"。其实，中国当代金银币设计伊始，工艺大师就对图稿反复斟酌，如果没有看到过"辛亥革命七十周年"金币样币的"数易其稿"，人们可能根本无从知晓工艺大师精益求精的设计热情；如果没有聆听过大师对1983年熊猫金币设计理念的悉心讲解，也可能根本无从体会大师如何独创性地运用中国传统木刻创造的刀法技巧勾勒熊猫整体轮廓的精妙设计。中国当代金银币发行不过三十多年，但通过大师们精心设计、雕琢，呈现给我们的却是数以千计的绚丽瑰宝。值得国人骄傲自豪的传统文化、生肖、中国古代科技发明发现、中国古典名著等题材在币面中得到了淋漓尽致的展现，你怎能不认同"老精稀"的"精"呢？对于"稀"的概念目前争议较小，2000年之前，中国当代金银币发行量很小，最少的甚至只有10枚，一些小银币的发行量也不过几千枚。与目前新品动辄上万，或者几十万、几百万的发行量绝对不可等量齐观。"老精稀"一直以来是交易的风向标，金银币市场无论是2009—2010年的繁荣，还是2011—2020年的调整，无一不是"老精稀"的表现在左右。而金银币收藏大家无一不是"老精稀"的收藏大家，金银币市场的大珍无一不是"老精稀"中的顶尖藏品。

图2-12 1983年1盎司熊猫金币

与"老精稀"概念相对的，是近年来金银币收藏者中逐渐被接受的"新精品"。过去，绝大多数金银币收藏者对 2000 年以后发行的金银币品种"不感冒"。随着时间的推移，部分 2000 年以后发行的金银币品种不仅市场表现良好，而且其题材和艺术性越来越为更多收藏者喜爱。有学者在对金银币收藏者接进行广泛调研的基础上提出了新概念，将 2000 年以后发行的部分金银币精品称之为"新精品"。这些"新精品"和"老精稀"同样设计精美、题材优秀，而且实铸量也较少，同样具有"物以稀为贵"的特点。"新精品"在市场上也表现良好，"老精稀"板块持续下行，"新精品"却能够逆势上涨，确实吸引眼球。

图 2-13　2001 年敦煌 2 盎司银币

笔者认为，目前阶段的金银币收藏，不应仅仅局限于"老精稀"，收藏爱好者应该以更加开放和包容的心态去关注那些"新精品"概念。尤其是那些热门题材、发行量偏小的品种，很有可能成为将来金银币板块中表现最好的品种。

第四节　实铸量与存世量

金银币在发行时，中国人民银行一般会对其发行量进行公告，同时金银币的证书上也会清楚标明这枚金银币的发行量。其实，这个发行量只是个计划发行量，由于分阶段实施生产、市场销售不理想、原材料价格异常上涨等因素，最后的实际产量往往会低于公告的计划发行量，这个实际产量就是我们经常提及的实铸量。在 2000 年前，实铸量小于计划发行量的情况是非常普遍的。实铸量是金银币产量的最真实反映。收藏界素有"物以稀为贵"的法则，从实铸量为大家广泛知晓后，一批实铸量低的金银币被爱好者争相购入。计划发行量为

1 000套而实铸量仅为138套的传统文化第一组金币曾从十万上下大步迈向百万台阶。由此可见，实铸量对于精品的发掘以及价值发现起到了不可磨灭的作用。再从近十几年金银币行情发展来看，币市始终紧紧围绕实铸量概念，因此实铸量客观上也对金银币行情的蓬勃发展有一定的助推作用。但并不是所有收藏爱好者都认同实铸量概念。其中又有两种代表性观点，一种认为实铸量是暂时的，当局完全可以随时进行补铸；另一种观点认为，实铸量是不准确的，以已知实铸量替代发行量的方法不足取。这两种观点本质上都认为实铸量概念存有一定风险。事实上，除了中国金币总公司后期另有规定外，理论上只要不超过公告计划量，任何补铸都是被允许的。但是如果从补铸的目的性、必要性以及启动主体适格性、程序繁琐性、旧模具是否仍具备工作能力等几个角度考虑，似乎补铸是一项不大可能完成的任务。对于第二种观点，笔者首先需要指出的是，任何收藏或者投资都是有风险的，作为一个专业的收藏爱好者或投资人士不是去逃避风险，而是去驾驭风险、控制风险。即便是中国人民银行公布的实铸量，也有可能存在错误，更遑论民间学者公布的。但是通过对目前已知实铸量进行进一步验证，基本可以规避这种风险。实铸量验证的最好一个办法就是通过市场流通情况进行佐证，包括历史交易次数、市场即时可流通量等，对这些因素进行综合研判，即可对实铸量的准确性有个比较可靠的结论。一个实铸量很低的品种如果在市场频繁出现，那么就要对这个实铸量产生怀疑了。通过这些年来对已知实铸量的跟踪，除部分品种实铸量不能得到市场流通情况的验证外，其余品种的实铸量数据还是基本可靠的。

另外，我们需要提到的是金银币的存世量。金银币自铸造出来后，如果库存超过一定规模或时限，中国金币总公司会组织反熔。1979年至2002年间，官方曾经组织过四次反熔。其中1995年和2002年的两次大规模官方反熔，中国金币总公司的金银币库存很大部分都被熔化成金银原料了，所以我们又必须关注这些金银币的存世量因素，即存世量 = 实铸量 − 反熔量。存世量剔除了计划发行量的"虚高"，考虑了实铸量的"消耗"，因此可以说是最为正确的数字。但时至今日，反熔的清单我们一直无从接触，到底是何品种、多少数量被反熔，我们都无从知晓。根据有关数据统计，截至2019年官方反熔实际重量约占全部实铸量的2%，比例相对较小。所以我们在实际收藏中，一般是以实铸量确定一枚金银币的价值。

第二章　金银币价值探析

第一节　比价原则概述

确定一枚金银币的价值，我们通常会用到比价原则，根据一枚金银币的发行量及题材确定这枚金银币的价值。通常情况下，发行量是最为重要的。收藏界有句法则，叫"物以稀为贵"，讲的就是数量越少越为珍贵。正式发行的金银币发行量目前最少的是10枚，如1992年古代科技发明发现一公斤纪念金币（地动仪、指南针一对，共2枚）以及1991年发行的熊猫金币发行10周年五公斤纪念金币，位于中国金银币的顶端。而题材会对金银币的价值起到调节作用，因为题材越是受欢迎，潜在的收藏群体也就会越多。发行量和题材一个是"供"，一个是"需"，两者相互交织构成了金银币价值的决定性因素。另外，一枚金银币的制作工艺是否新颖独特、是否得过国际大奖、包装附件是否具有特色也可能对金银币价值产生一定影响。

第二节　比价原则适用的限制与"相对珍稀度"

当然参考上节所述因素时只能起到一个大概的作用，由于市场"看不见的手"的作用，实际决定市场价格的因素可能会更多。我们习惯用比价来对两个品种的金银币的即时市场价进行对比，进而发掘潜力品种。有些人会错误地运用比价原则，将发行量600万的奥运纪念钞和发行量2万的普通纪念币的精制币进行比价，认为既然发行量300倍于精制币的奥运钞都能够有几千元的表现，那发行量仅2万的精制币应当远超千元。但事实上这种观念是错误的。道理很简单，需求不相同。按照经济学的判断标准，需求越大，均衡价格自然越高。奥运纪念钞全民争抢，需求极大，而精制币属于养在深闺人未识的潜力品种，自然需求少了许多。所以单单以量来进行比价的方式是错误的，我们必须考虑到需求因素，要知道比价原则并不是绝对的，也有它适用上的限制。特别是在跨板块比较时，切不可直接以量简单比较。

即便在板块内部,比价原则也会受到一定限制。同为1000枚左右的量,同样被NGC评级为PF69分,1993年发行的"宋庆龄签字版"30克纪念银币目前市价只有1万元多点,而世博5盎司金币为什么却在6万元上下呢?如果僵化地以量为比价原则,两枚价格不应该相差近四倍。再者,即便根据题材进行调整,由于伟人宋庆龄和上海世博会也均属很好的题材,相差也不会很大。那是不是比价原则失灵了?其实不然,因为比价原则有一定的适用限制。任何事物并不是绝对的,运用"物以稀为贵"原则也是有范围限制的,我们必须而且只能在一定范围内运用"物以稀为贵"原则进行比价,在相似度较高的品种中进行比较,避免绝对适用"物以稀为贵"原则导致出现错误。在此我们要引入重要的一个概念即"相对珍稀度"。判断一枚金银币的珍稀程度,必须要从它所处

图 2-14　宋庆龄签字版银币

图 2-15　世博5盎司金币

的规格或材质着手，以和它相似规格及材质的其他品种，通过发行量和题材进行比较，才能够得出正确的比价结果。这里的"相对"本身就是一个开放的概念，既可以在相似规格及材质中进行比较，也可以扩大在同一系列中进行比较。但是必须基于较高的相似性，才可以进行比较，否则会导致比价原则适用错误。

第三节 比价原则适用实例

1992 年发行的古代科技发明发现第一组 5 枚 1 盎司金套币发行量为 1 000 套（实铸量为 1 000 套），目前 NGC 评级 PF69 分的市价 15 万元上下。同为 1 盎司规格的金套币还有 1995 年发行的中国传统文化第一组 5 枚 1 盎司金套币，发行量为 1 000 套（实铸量为 138 套），目前 NGC 评级 PF69 分的市价为 60 万左右。还有，1995 年发行的三国演义第一组 4 枚 1 盎司金套币发行量为 1 500 套（实铸量为 1 500 套），目前 NGC 评级 PF69 分的市价在 16 万左右。首先，这三组金套币规格和材质相同，符合比价原则适用的先决条件。其次，根据它们三者的发行量、实铸量进行横向比较。显而易见，传统文化的实铸量仅百余套，远远领先于另两套金币，其目前市价远远超过另两套是合理的。最后，因为这三套金币的题材均很好，广受钱币爱好者追捧，所以基本可以不考虑由于题材差异导致的微调因素。结论：这三套金币规格及材质相同，发行量、实铸量成为了比价最为关键的因素。因传统文化实铸量远小于另外两套，所以其价格远高于另外两套是比价原则的正确反映。运用相同的方法，我们可以对市场上大部分金银币的价格进行比较，发现潜力品种，避开价格透支品种，实现理性投资、快乐收藏。

第三章　金银币交易渠道发掘

第一节　交易渠道简述

在 20 世纪 80 年代，几乎没有成体系的金银币交易渠道。90 年代上海太原路钱币市场也大多是以普通纪念币、外国硬币和纸钞为主，几乎没有金银币。到了 90 年代中后期，上海不夜城商厦金银币经营商不断聚集，金银币品种不断丰富，交易非常活跃，可惜好景不长。进入 21 世纪，上海卢工、北京马甸、广州纵原路交易市场人气不断增长，形成了金银币交易的主要渠道。同时，上海东方国际拍卖有限公司、上海泓盛拍卖有限公司、北京嘉德拍卖有限公司等纷纷举办了金银币专场拍卖，拓宽了爱好者交易金银币的渠道。随着互联网电子商务的普及，如中国集币在线、一尘网等大型钱币综合交易网站推出了诚信商铺或是金银币交易栏目，又进一步推动了金银币交易渠道的发展。现如今，一些钱币网站，如现代钱币网、易金在线等都先后推出了在线拍卖，金银币交易渠道空前壮大。

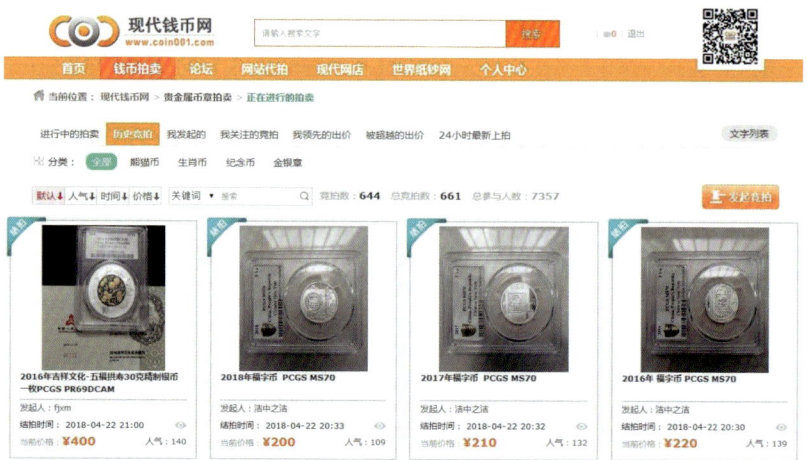

图 2-16　现代钱币网贵金属币章拍卖

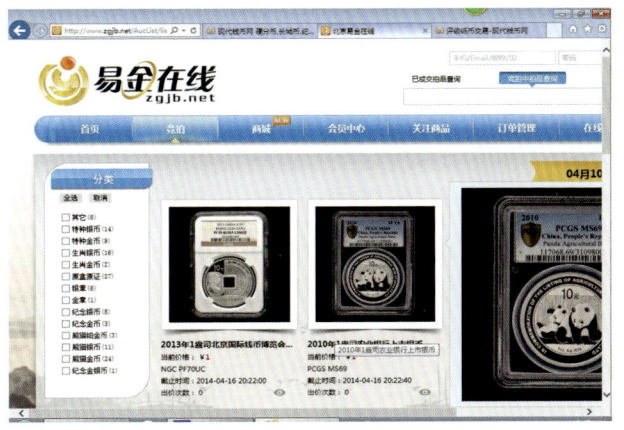

图 2-17　易金在线拍卖栏目

第二节　实体交易渠道

目前交易量最大的实体交易渠道无疑是上海卢工（上海市卢工邮币卡交易市场）和北京马甸市场。这两个市场汇聚了大部分金银币经营商，每日交易额相当高。一些规模较大的币商多年来积累了广阔的人脉与庞大的客户群，很多大珍都是通过他们交易的。不少爱好者驻足在币商的展柜前，目不转睛地盯着自己心仪的藏品。有些三五成群，围坐在币商边上，相互探讨对市场的看法，或是与币商交流最近市场行情。

2007年上海东方国际拍卖有限公司成功举办了国内首届金银币专场拍卖会，从此，金银币和拍卖结下了不解的缘分。诸如国际儿童年加厚金币、熊猫金币发行10周年五公斤金币、诸多金银币样币等平素市场里难得一见的珍品在各大拍卖会上均会偶露峥嵘，爱好者竞相争购，其乐融融。每年北京钱币博览会期间，也会有官方组织的精品拍卖会，其中不乏"老精稀"、特殊编号金银币等，起拍价很低，很多收藏者参与其中，

图 2-18　卢工币商包房

图 2-19　国际儿童年加厚金币

共享这场盛宴。

近几年金银币行情的不景气，尤其是 2020 年"新冠"疫情对金银币线下交易影响巨大。金银币专场拍卖会不复存在，金银币的拍卖只能夹杂在其他钱币品种拍卖当中。特别是疫情期间北京钱币博览会的停办，让很多金银币收藏者失去了一个可以交流藏品的机会。上海卢工和北京马甸市场也是人流稀少，很多金银币收藏者将眼光纷纷投向了网络交易。

第三节　网络交易渠道

为了拓展交易渠道，很多币商在实体交易之余，非常重视对网络交易渠道的开拓。他们从一开始的网上点对点交易方式衍生出了一个新的交易模式——金银币在线拍卖。在线拍卖作为一种集传统拍卖与电子商务形式为一体的新型交易方式，甫一出现即显示出勃勃生机。在线拍卖具有费率低、参与人不受地域与时间限制、拍品种类齐全等优点。收藏者不用费心去审核交易对手的资质、真伪、品相等均由在线拍卖人把关，而且拍卖人大多是实力雄厚的专业钱币交易网络平台，因此它被绝大多数收藏者所看好。尤其是近几年金银币评级逐渐普及，真伪鉴定和品相评定都有了权威的第三方认证，在线拍卖从最初的只是作为实体交易渠道的补充，到目前已经成为金银币交易中的"主力部队"，在线拍卖成为了金银币收藏者交易的首选方式。

虽然在线拍卖占据了金银币网络交易中的绝大部分，但金银币交易中还是有一部分通过淘宝、闲鱼等网络交易平台完成。这类点对点在线交易，还是存在一定的交易风险，如交易对手的信誉风险、资金风险、物流风险等。目前这类点对点交易已经出现了不少交易纠纷，收藏者应在交易前认真审查交易对手的资质与一贯表现。尤其是大额交易时，一定要重视他们在收藏圈中的口碑，如果有疑问尽量放弃交易，或寻求中介完成交易。在网上银行密码保管、转账账户确定、快递查验签收等方面一定要把控法律风险，防止出现不必要的损失。

第四章　金银币收藏群体与知名钱币展会

第一节　学术研究与爱好者组织

随着金银币收藏热升温，各地学术研究群体和爱好者组织纷纷成立，这对金银币市场发展起到了重要的推动作用。各地钱币学会由中国人民银行当地分支机构主管，原来基本不涉及现代金银纪念币。现在钱币学会中从事金银币收藏的会员越来越多，他们积极从事有关金银币收藏方面的研究。部分高校专门开设了有关金银币收藏鉴赏的课程，邀请金银币领域的专家给大学生以及EMBA学员授课。有了这些基础后，金银币的学术研究从零星分布逐步转为全面集中。标志性事件就是赵燕生先生在2016年发起的"中国现代贵金属币文化艺术价值"问卷调查活动，参与人数达600多人。通过大数据分析，活动组委会发布了多份数据解读和专题报告，深入揭示中国金银币文化艺术价值的核心内涵和发展规律。特别有纪念意义的是，组委会还特制了由著名钱币设计师朱熙华先生构思设计并雕刻的纪念章，用于馈赠合格答卷者和专家顾问团队。其中，银质纪念章才制作了10枚，甚为珍稀。

除了上述精彩纷呈的学术研究外，民间自发形成的爱好者组织也纷纷登场。2007年1月，杭州地区的金银币收藏爱好者成立了国内第一个金银币爱好者组织——杭州金币沙龙，紧接着广州、北京、上海、西安金币沙龙纷纷成立。金币沙龙里大师荟萃，实力藏家众多。沙龙成员几乎包括了金银币中各个板块，如专门收集金大饼（99枚俱乐部成员）、金银币样币、体育金银币、熊猫金银币等领域的资深专业藏家。大家每隔一段时间，或在美丽的杭州西湖边，或在久负盛名的北京报国寺旁，或在环境幽雅的得和茶馆内交流收藏心得，分享最新获得的藏品，不

图 2-20　用于馈赠的纪念章

亦乐乎。有些难得一见的个人藏品也只有在这种场合下才会有缘一瞥。如杭州沙龙的一次活动中，出现了13枚5盎司金币集聚的盛景，令人叹为观止。金币沙龙最吸引人的地方在于它构建了一个供收藏爱好者沟通交流的良好平台，让他们的知识结构更加完整，开阔了眼界，充实了币识。这些爱好者组织的成立对于金银币收藏群体的发展壮大起到了非常积极的作用。

图2-21　杭州金币沙龙活动

图2-22　全国金银币泉友2010年北京钱币博览会聚会　　　图2-23　上海金币沙龙活动

近年来金银币行情冷淡，金银币收藏者热情有所降低，各地金币沙龙活动频率也明显变少。倒是在一些QQ群或微信群里，金银币交流开始多了起来。有些群的管理员还会邀请行业资深专家授课、组织新品团购活动等，气氛较为活跃。但目前也存在少数误导尚未入门金银币收藏爱好者的金银币交流群，需要引起警惕，大家应尽量选择声誉比较好的群进行交流。

第二节　知名钱币展会

每年秋季中国金币总公司均会组织举办北京国际钱币博览会，中国金币总公司下属的分支机构、销售中心以及特约零售商均会参会。临近展会前几天，收藏者之间经常会开玩笑地相互问是否带足了"子弹"，这里的"子弹"

其实就是数量足够的现金。有经验的藏家在会展第一天往往会早早来到现场，抢在别人前头发现金银币珍品并将其收入囊中。在博览会现场，经常能碰到熟人，也经常会看到三三两两的收藏者围成一圈，或是嘘寒问暖，或是相互攀谈，气氛融洽。展会期间，主办方会安排多种活动，如专题展览、收藏文化论坛、精品拍卖等，让爱好者不枉此行。民间金银币爱好者组织往往会在钱币博览会期间举办丰富的互动活动，联络感情，切磋币识，提高收藏水平。

在2010年左右，内地不少藏家和币商还会去中国香港参加古董表与钱币展销会，深挖留存在国外的金银币珍品，回到内地后再卖掉赚取差价。据一些老一辈的金银币收藏家回忆，本世纪初中国香港展会还能看到许多"金大饼"、珍稀的金套币等。最近几年，已经出现价格倒挂，中国香港展会现场的价格反而高于内地。由于珍品出现不多，又基本无漏可捡，现在去中国香港展会的币商和藏家数量已经大不如前。

同样，也是在金银币行情比较好的时候，民间自发举办博览会的热情比较高涨。如绍兴曾经举办过金银币样币博览会，上海和杭州举办了熊猫金银币博览会。虽然这些博览会规模较小，但特色突出，和北京钱币博览会一道组成了中国金银币特有的会展体系，这在其他钱币收藏板块是不多见的。只是目前金银币行情比较低迷，所以这些博览会几乎再没有举办过。

图2-24　中国人民银行领导参观北京国际钱币博览会

图2-25　北京国际钱币博览会收藏文化论坛现场

图2-26　中国香港古董表与钱币展现场

第五章　金银币评级及样币

第一节　金银币评级现状

钱币评级在国外出现较早,但在国内普及比较晚。在金银币方面,2011年5月 NGC 内地现场评级在国内掀起了金银币评级的热潮。此后金银币评级蓬勃发展,另一国际评级机构——PCGS 也于2013年全面进入内地金银币评级市场,收藏者有了更大的选择空间。无论是现场拍卖还是在线拍卖,到处都有评级币的美丽身影。短短几年时间,金银币评级迅猛发展,金银币评级数量逐年增加。从近几年的交易看,不论是实体店面还是交易网站,评级币交易都牢牢占据了绝大部分。

评级在内地刚刚兴起的时候,很多金银币收藏者持观望态度,是否有必要评级还存在争论。经过这几年的发展,对金银币是否需要评级,收藏者的看法目前几乎已经统一。金银币评级后,真伪、品相都有第三方权威机构认定,过

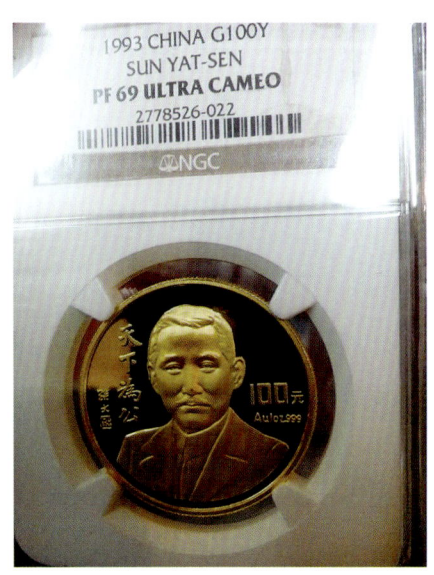

图 2-27　NGC 评级金币

图 2-28　PCGS 评级金币

往有关品相的争议就不复存在。只要是权威评级机构入盒的钱币，收藏者不用担心真伪问题，只要查看评级分数就能知道一枚币的品相。而且价格往往根据分数高低确定，这就有了一个很客观的定价标准。特别是在网络交易成为金银币交易渠道主力后，评级的优势更是突出。此外，经过评级机构封装，金银币也更容易保管，因此越来越多的金银币收藏者都选择了评级。

　　反过来，当市场主流都接受金银币评级的时候，不评级倒是成为了一种风险。由于隔着原封袋看金银币，一些品相上的细小瑕疵无法察觉。大约还是在2010年前后，大家对金银币还习惯于使用"原封"去进行品相描述，似乎认为只要是没有打开原封的就是品相完美的。但市场上往往有币商采用仿原封的方法，用品相不好的钱币冒充原封币。当存在原封和评级两种选择的时候，金银币收藏者更加偏向于选择品相容易确定的评级币。从市场表现来看，原封币的价格大致和PF68分相当。如果不评级，收藏者手中的金银币可能无法体现出应有价值。金银币收藏者现在都是以评级币为主要收藏对象，各个交易平台上的金银币也主要以评级币为主，金银币评级已经是一种无法阻挡的趋势。

　　但需要提醒大家注意的是，大规格金银币由于制作工艺的影响，表面瑕疵可能性较大，评级有一定风险。比如1998年"迎春图"第二组5盎司金币目前

图2-29　原塑封金币

图2-30　NGC PF69迎春图第二组5盎司金币

提交 NGC 评级的共有 8 枚，只有 2 枚为 PF69 分，其余 6 枚全部都是 68 分，非常尴尬。有些金银币收藏者索性就选择继续持有原封币，等需要出手的时候再去评级。

第二节　评级与品相的关系

许多人说，收藏评级币，其实不仅仅是看分数那么简单。早几年，当大部分泉友仍旧仅以分数判定品相的时候，一些收集流通硬币的朋友却敏锐地发现，玩评级币不仅仅得看分数，还要学会观察钱币状态。钱币状态和评级分数的差异在流通过的硬币，尤其是近代机制币上非常明显。同样是一枚评级 XF45 分的大清宣统三年壹圆银币，有的底板顺滑，细节保留较好，包浆匀称、老到，赏心悦目。有的却是底板划痕很多，包浆难看，细节看不清，甚至还可能留有清洗的痕迹。反正随便怎么样看，都不会喜欢。反映在价格上，前者轻松达到 10 万以上，后者却只有 3 万~4 万，说明大家都喜欢状态好的。因此，同一评级分数下，品相差异会随着状态不同而变得特别明显。这也就是为什么我们经常说，对于流通硬币来讲，评级分数有时候并不能完全反映钱币品相，我们还需要看钱币状态的原因。

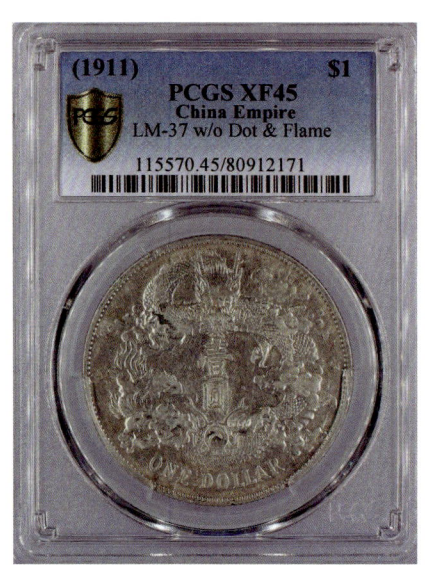

图 2-31　同分但不同状态的评级币

但就金银币是否需要以评级分数结合钱币状态来评价品相这个问题，笔者认为，答案是不需要。原因很简单，金银币制造质量很高，本身不参与货币流通，收藏者保管条件又普遍比较好，同一评级分数下品相差异不会很明显，因此评级金银币的品相仍应以分数为唯一标准。

既然评级金银币的品相以分数为唯一标准，那是不是就一定要不惜代价追求满分 70 分呢？币友中有的会去高价追 70 分，有的却相反，对分数毫不关心，只要入盒即可，即便低分或者无分（入评级盒通常就代表不是赝品）。笔者认为，这两种做法都不足取。

一方面，金银币制造质量普遍很高，又几乎没有损耗，品相差异并不那么明显，所以 69 分和 70 分的差异非常小。而且，评级时主观因素影响较大，给 69 分还是 70 分有时具有偶然性。这样一来，69 和 70 分的界限就变得模糊起来。如果以高价去追 70 分，那就相当不值得。而且，70 分价高正是因为其数量少。经验显示，当出现第二、第三枚乃至更多 70 分的时候，价格会掉落非常迅速，风险不小。

另一方面，那些不关心分数，只要入盒即满足的心态也不可取。先不谈"品种第一，品相第二"这种观点是否正确，我们必须明确的是，这里讨论的品相是值得大家收藏的品相。金银币一般都有原始包装，保管相对容易，所以品相普遍较好。如果评级机构对一些表面存在严重划痕或被严重污染的金银币不给分（评级标签会注明原因），那就说明品相存在比较严重的缺陷。这种品相的金银币收藏价值有限，而且将来换藏出手时也会非常困难。无视品相甚至比高价追求 70 分还要危险许多！因此，我们应该避开选择这种品相的金银币。

上面我们谈到了评级时存在主观因素，毕竟评分都是由评级师给出，所以也可能出现评级分数不能正确反映金银币品相的情况。虽然这种概率发生的可能性不大，但也并非不存在。作为一个有经验的收藏者，他们是如何规避这种风险的呢？目前评级金银币在网络交易中比较多，例如在现代钱币网的交易规则中就明确要求全面展现钱币，不得隐瞒钱币瑕疵。再如易金在线，专门以高清大图展示钱币细节，并配有专人回答品相咨询。这些举措都可以有效防范上述风险，打消收藏者的顾虑。另外值得大家注意的是，NGC 和 PCGS 等评级机构在其官网上都设有评级币串号查询功能。输入评级标签上的串号就能看到钱币品种、分数等信息，还可以看到评级机构留存的评级币原图。有经验的收藏者会放大原图，仔细观察钱币状态。尤其在淘宝、闲鱼这类点对点交易模式中，购买前一定要注意查看原图是否与交易钱币一致，避免可能的损失。

尽管我们经常听到金银币收藏者对评级机构的批评声，钱币评级目前也确实存在诸多值得改进的地方，但收藏爱好者绝大多数都认可钱币评级，钱币送评的趋势是不可逆转的。所以，对于我们来讲，最好的策略可能还是认真研究钱币评级，提高评级币的收藏水平。

第三节 金银币样币的收藏

在近代机制币领域，样币无疑是顶级的收藏品。金银币样币和近代机制币样币类似，存世量极少，同样位于金银币收藏的顶端。金银币样币包括工艺试制、呈报送审、经销商订货用样币等。比较著名的样币包括"中华人民共和国成立 40 周年"20 盎司金币样币、"联合国妇女 10 周年"金币样币、"辛亥革命 70 周年"金币铜样。这里面有的是孤品，价值连城。有部分爱好者会将流通币样币与金银币样币混淆，其实这两者性质全然不同。首先，流通币样币通常会在币面刻上"样币"二字，但金银币样币基本没有这种情况。其次，流通币样币出现在发行环节即中国人民银行总行会下发至各分支机构，而金银币样币则经常出现于造币厂、订货商或样币评审会。最后，流通币样币主要用于对照鉴别流通币真伪或检验制造质量，金银币样币则用于样币评审或出样订货等。金银币样币数量极少，交易通常是在非公开场合完成或者在高端精品拍卖会上偶露峥嵘，价格也会让普通收藏者敬而远之。

大规格金币，通常会在币边打上编号，而样币却不打，因此非常容易辨认。

图 2-32 "辛亥革命 70 周年"金币铜样

而其他的金银币样币和正式发行币在图案、面值、材质等方面也会存在不同，有时差异十分微小，不仔细看根本发现不了。圈里曾流传着这样一个故事：一个中学生在上海卢工某币商处购买 1986 年生肖虎银币，买回去发现其他同学面值都是 10 元，而他仅仅是 5 元。他不高兴了，回去币商这里硬是换回了 10 元面值的银币。其实这枚 5 元的银币就是样币，这位爱好者就这样错过了一枚

图 2-33 "中华人民共和国成立 40 周年" 20 盎司金币样币

稀世的样币,非常可惜。

目前,金银币收藏圈对样币的研究并不十分深入。金银币样币之所以珍贵,在于其权威性与稀缺性。没有发行机关的批准或授权,任何机构或个人制作的均不能被称为样币。因此,不能简单认为同正式发行币的图案不一样的都是样币,还是应该看其制作有无发行机关的批准或授权。正是因为这种权威性,而且国家对样币管理有极为严格的制度,所以金银币样币流入民间数量极少,稀缺性的特点也就得以体现。但毕竟样币属于造币过程中的产物,普通收藏爱好者难以接触到有关信息,存在高度的信息不对称。而且金银币样币价格极高,轻易进入金银币样币收藏领域有很大风险。普通藏家如果没有大量资金支撑,切不要涉入其中。

第六章 金银币收藏与投资理念

第一节 收藏与投资的关系

经常有人问起收藏与投资的区别,其实这两者之间也并不是泾渭分明的。一个收藏爱好者如果买了复品,当市场向好,实现了收益倍增,那他极有可能出售复品,从而实现投资收益。一个投资者从事金银币交易多了,他会渐渐喜欢上金银币,收藏一些精品。所以一个收藏者也有可能同时是一个投资者,而且从现实情况看,这种例子比比皆是。经常听到一个币商说这个他不卖要自己收藏,或者某个大藏家出售了自己最喜欢的一枚藏品。与其说这个爱好者是收藏者还是投资者,还不如说某个时间段内他更偏向于投资还是收藏。收藏与投资是两种完全不同的思路,前者追求最好的珍品,后者追求最大的收益。在每个人有限资金情况下,这种区别愈发明显。

第二节 理性投资观念的树立

任何市场都存在风险,金银币市场概莫能外,对此我们应该有清晰的认识。金银币是富含独特文化气质的高档收藏投资品,持有时间越长,越能体现出它的价值。当然,伴随金银币市场行情的整体变化,每个品种都会有周期性的涨跌变动,有经验的投资者可以通过波段操作实现盈利。因此投资者必须选择适合自己的操作思路与操作时机,从而有效规避风险,获取收益。以前曾经有少数经营者贷款炒作后期金银币,但不幸被市场的力量所吞噬,最后血本无归。投资者在资产配置的时候要充分考虑金银币的市场风险,合理调整金银币所占比例,切莫将所有鸡蛋都放在一个篮子里,更不能去高成本贷入资金炒作金银币,将自己陷于被动境地。营造良好的心态,真正实现中国金币总公司一直倡导的"理性投资,快乐收藏"理念。

第三节 精品意识的确立

在相互交流中，不断能听到某些泉友说自己有几枚这个小金币或那个小银币，或者要集齐全套什么金银币的。不能说这种思路有问题，但我们需要知道的一点是，经济学上有一个机会成本的概念。当你买几枚这个小金币的时候，你可能丧失了购买一枚更好的金币的机会（通俗地讲，这里的更好是从发行量上进行衡量，物以稀为贵，量越稀少的越好）。而当你再想买这枚更好的金币的时候，它的价格涨幅可能会远超过这几枚小金币，你不得不花费更多资金去买入这枚更好的金币。其实这枚更好的金币就是我们俗称的"币筋"。换用相对珍稀度概念来说，"币筋"就是这个系列或类别里相对其他金银币来说，最为珍贵的一枚或几枚金银币（还是物以稀为贵的原理）。在市场行情持续向好的情况下，"币筋"的涨幅远远超过其他品种。事实上，我们每个人的"子弹"都是有限的，在资金条件硬约束下，我们只能有所取舍。入手的先后决定了你成本的高低，不仅影响了你的投资收益情况，更为重要的是，"币筋"永远是稀缺的，你极有可能因错过这枚币而抱憾多时。越到顶级藏家的阶段，越容易体会到精品的重要性。你有一堆普通的金银币藏品，有时根本就不及别人一个。一桌金银币收藏者一起吃饭，第一个人说，我有"古船"1/2盎司金套币，别人会说你了不起。第二个人说，我有"古科"第一组1盎司金套币，别人会对你跷起大拇指。第三个人说，我有"传统文化"第一组1盎司金套币，别人会惊讶得合不拢嘴，"传统文化"瞬间秒杀"古船"+"古科"。收藏者持有精品乃至大珍，不仅填补了自身的占有欲，更满足了自己炫耀的欲望。

图 2-34　古船漕舫图金币

图 2-35　古船封舟图金币

第七章　金银币新手入门及藏家进阶

第一节　新手入门的第一课

　　当你手捧着自己的第一枚金银币的时候，恭喜你，你已经迈入了金银币收藏圈子。二十年前笔者还在初中求学期间，兜里揣着一枚1990年熊猫1盎司银币的时候，那种内心的满足与愉悦感至今仍历历不忘。作为一名新手，很多收藏者会非常困惑，今后的收藏之路该何去何从。"工欲善其事，必先利其器"，正确的思路是指导你今后不断在金银币收藏领域获得进步的必备要件。首先，我们要树立清晰的收藏与投资理念，明确自己的目标。其次，要通过不断学习有关金银币的基础资料，培养自己的币识。再次，要形成正确的方法论，如对比价原则的正确把握以及对实铸量概念的辩证看待，都将对自己今后金银币收藏起到至关重要的作用。最后，要多注重与藏友间的互动交流，及时获取有关资讯并相互切磋，提高币识水平。

　　近两年来，随着互联网与钱币行业的结合逐渐深入，金银币爱好者收藏工具越来越多样化。例如，易金在线在其首页显目位置专门设置了币价查询栏，方便泉友掌握金银币的历史成交价格。再如，现代钱币网推出了在线送评PCGS页面，方便会员提交钱币。可以预见的是，能够提供金银币收藏一站式服务的专业钱币网站将会迅速崛起，那些深度凝聚互联网技术、大力提升客户体验的平台将为广大金银币爱好者所钟情。

第二节　入门的绝佳品种——熊猫金银币

　　熊猫金银币作为历史悠久的发行品种，一直在国内外享有盛誉，即便在金银币收藏圈外也有很大的知名度。从1982年发行至今，熊猫金银币已经走过了30多个年头，几乎每年币面设计都会推陈出新，独具特色。其中的熊猫金币规格多样，从早年的1/20盎司至1盎司到现在的1克至30克套装金币，甚至还有公斤金币，可以满足不同层次的需要。目前许多商业银行，甚至电商网站都开始销售熊猫金币。很多时候作为金条的替代品,许多老百姓喜欢每年购置一整套放在家里流传后代。而作为逢年过节馈赠亲朋好友的礼品,30克熊猫银币在市场上一直是热点,而且发行价格一般也只有200元上下,交易非常火爆。熊猫金银币相对于前面介绍的几个品种来说,由于价格非常亲民,因此入行门槛更低,最适合想要进入金银币板块的收藏者。许多金银币高级藏家乃至顶级藏家的第一枚金银币往往就是这可爱的熊猫金银币。

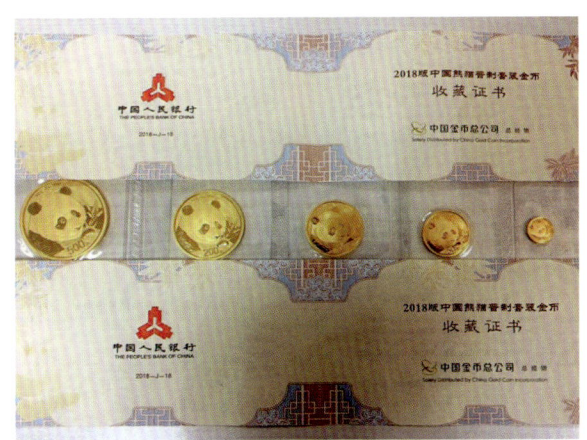

图 2-36　2018 年熊猫金币套装

图 2-37　12 盎司熊猫银币

第三节　藏家进阶之路

作为亲眼目睹金银币收藏发展之路的见证人,笔者接触过许多不同种类的藏家,每一个藏家都会有自己不同的发展轨迹,笔者无意于给出一个统一的发展路径。但深入剖析这些藏家的进阶过程,我们还是能从中发掘出一些可供众多新入门藏家借鉴的捷径。一是要懂得取舍,每个人的经济能力终究有限,不可能入手每一枚自己心仪的钱币,这个时候就需要根据精品意识进行品种的取舍。同时适时地进行藏品结构的升级换代,也是进阶之路中必不可少的重要环节。二是要始终保持合理的现金流,对于一些高级藏家而言,最痛苦的事莫过于等待已久的藏品出现在眼前,却无力将其收入囊中。等到自己后来有经济能力将其揽入怀中时,藏品已与其彻底绝缘,因此抱憾终生。所以需要根据自己的收藏目标,合理调配手中的"子弹"。三是要不断同其他币章板块进行交流,如精制币、纸币、小铜章。"物以稀为贵"等原则在这些品种收藏中同样适用,这些板块中也有发行量极小的珍品,如"大40"精制纪念币、"1980宫灯"小铜章等,绝对不容轻视。通过相互交流,增进币识互通,提高各自板块的知名度,也能够加强藏家的跨界流动,对整个钱币收藏圈也是一件功德无量的事。最后,还需要善意提醒的是,在任何阶段,每个藏家都必须通过不断的学习,完成币识的不断积累,厚积而薄发。

图 2-38 "1980 宫灯"小铜章

第四节 顶级藏家探秘

在钱币收藏基础比较好的杭州、北京、上海、广州、西安等地以及我国的香港和台湾地区,已经出现了一批金银币顶级藏家。经常有人会问及,顶级藏家到底是一些什么样的人呢?顶级藏家之本在于其藏品,顶级藏家必有顶级藏品。那么，顶级藏品又是什么呢？用一句非常通俗的话来概括，顶级藏品就是"精品中的精品"。手中有一枚发行量为 99 枚的 5 盎司"婴戏图"金币时，最多也就是个高级藏家，因为它只属于高级藏品。但如果收藏有一枚同为五盎司金币规格"天下为公"金币时，完全可以自豪地宣称自己手头有了一枚顶级珍品。当然，顶级藏品不仅仅局限于 5 盎司金币，类似 1992 年古代科技发明发现一公斤纪念金币（地动仪、指南针一对，共 2 枚）以及 1991 年发行的熊猫金币发行 10 周年五公斤纪念金币都属于顶级藏品。此外，部分金银币样币，如"联合国妇女 10 周年"金币样币也属于"精品中的精品"。这些顶级藏品有一个共同特点，就是实际发行量或存世量极其稀少，基本都属于个位数，有的甚至是孤品，普通收藏者一辈子可能也见不着一次。

但有了顶级藏品，也不见得就能成为顶级藏家，成为顶级藏家还需要与之相适应的币识。这就是笔者在前两节反复强调的积累币识的重要性。顶级藏家有一整套成熟的币识理论，并有着对金银币收藏的独到见解。他们中有的会定期撰写有关金银币收藏的文章、参加全国性的研讨会、参与电台电视台节目制作，有的还会在高校为大学生或者在银行等金融机构为高价值客户传播金银币收藏的专业知识。你会发现他们对金银币收藏的热爱，对金银币知识信手拈来。和他们接触久了，你也会发现自己进步了许多。最后，顶级藏家有着令所有金银币爱好者称颂的藏德。他们乐于为新人授业解惑，在圈内有着良好的口碑。在公共场合，顶级藏家往往成为很多粉丝为之倾心、争相与之交流的对象。

现代钱币收藏与投资

章牌篇

  目前越来越多的藏友,喜欢上章这个收藏板块。章和币的最大区别就是,章无面值,无流通货币的职能。但也正是由于这个原因,章的生产和设计不需要太繁琐的审批,以其设计自由、题材丰富、形式多样、材质工艺繁多吸引了众多的收藏爱好者。

第一章　麦朵尔（Medal）的起源

麦朵尔（Medal），是主要采用浮雕手法来表现的一种艺术品。其艺术表现手法更接近于雕塑。其材料和形状也是多种多样。在国内人们俗称为"大铜章"、"铜章"，从属章牌大类，也有人称为"金属章"，简称为"章"。

关于麦朵尔（Medal）的起源，有部分学者赞同FIDEM（International Art Medal Federation）组织的观点，认为起源于意大利文艺复兴画家、雕刻家皮萨内洛（Pisanello，约1395—1455）1438年创作的"拜占庭皇帝约翰八世"，见图3-1。正面为拜占庭皇帝约翰八世肖像，背面为1438年9月拜占庭皇帝前往意大利参加西部和东部教会的场景，材料为青铜，重416克，直径102毫米，至今已有五百多年的历史。FIDEM组织，翻译成中文为"国际麦朵尔艺术联合会"，1937年成立于法国巴黎，其宗旨是促进麦朵尔艺术在国际的传播。FIDEM组织协会成员来自几十个国家和地区，FIDEM成员有艺术家、收藏家、艺术史学家、美术博物馆、艺术博物馆、艺术画廊、造币厂、国家麦朵尔艺术组织等。每个国家有一个代表和一名副主席，他们需要保持与该国艺术家交流。FIDEM组织之所以认为这枚章是麦朵尔的鼻祖，是因其符合"格式"麦朵尔的范畴。所谓"格式"麦朵尔，就是要符合一定"格式"的作品才能称为麦朵尔，其中的"格式"包括：尺寸一般不大于6英寸（152.4 mm）、作品上有作者的签名、材质一般为金属等。我们再来介绍一下安东尼奥·皮萨内洛，他1395年出生于意大利的比萨，他的父亲去世后，母亲伊萨贝塔带着他在维罗纳长大，跟随意大利画家斯特凡诺学习，1415年成为意大利画家詹蒂莱·法布里亚诺的助手，这段时间对皮萨内洛艺术风格产生了深远的影响。1438年拜占庭皇帝约翰八世访问佛罗伦萨教会理事会，创作了"浮雕语言"的肖像，签上了自己名字，诞生了"格式"麦朵尔，之后创作了很多肖像类麦朵尔保留至今。在国际范围内，学者普遍认为麦朵尔的诞生与钱币有关。欧洲铸币起源于小亚细亚和希腊铸造的金银币，这是西方铸币之始（公元前700—公元前600）。FIDEM组织定义的"格式"麦朵尔其实是缩小了麦朵尔的范围，至于类似于麦朵尔艺术形式的作品在世界范围内是何时出现的，还有待于进一步的研究和考古发现。

关于中国麦朵尔的起源，有部分学者赞同中国的麦朵尔（中国俗称"大

图 3-1 拜占庭皇帝约翰八世

铜章")的萌芽是在改革开放初期。当时上海造币厂的设计雕刻师收到了日本访问团赠送的一枚大铜章,正面为大阪造币局的全景,背面为叠币图案,采用高浮雕的表现形式,见图 3-2。造币厂的匠人们,觉得十分精美,艺术表现形式十分新颖,便着手开始研制自己的大铜章作品。后由上海造币厂的路盛章和骆行沙参照了大阪造币局那枚章的形式,于 1979 年设计生产完成了一枚直径为 55 mm 的大铜章,正面是上海造币厂办公大楼,背面是平首尖足布和古纹饰,中间是中国造币公司的印章款;边缘打印"上海造币厂制"(也有未打边款的。笔者于 2018 年举办大铜章展览,上海造币厂也参与联合展览,当时展出了上海造币厂库房中的这枚章,未打边款。可能是由于当时试制的问题,此章的上色也有多种,有发紫、发青古铜色的;也有黄铜上清漆,金光灿灿的),见图 3-3。但是从 FIDEM 组织定义的"格式"麦朵尔的规则上,这枚 55 mm

图 3-2 日本访问团赠送的大铜章

的大铜章不完全符合，因为章上缺少了设计雕刻师的签名。这有可能是当时中国的设计雕刻师没有这样的理念，又或许是造币厂不允许设计雕刻师任意在作品上签上自己的姓名，所以缺失了。但也许是冥冥之中自有安排，同样是在1979年，香港东南纺织有限公司委托上海造币厂制作一枚章，当时请国际著名的雕塑家张充仁先生设计雕刻，正面为东南纺织有限公司大楼，背面是企业徽标与棉花图案，见图3-4。张充仁（1907—1998），上海人，擅长雕塑、绘画。少年时期曾在上海土山湾传习所学习。1931年留学比利时，学习雕塑，1935年毕业于比利时布鲁塞尔皇家美术学院。当时张充仁在国外是一名十分出名的艺术家，但是在国内却鲜有人知。也许是他受到了欧洲大铜章的影响，在自己设计的大铜章上加上了自己的签名"充仁"二字（正面厂房的右下角）。这一来，中国的第一枚"格式"大铜章诞生了，从此中国便拉开了制作"大铜章"

图3-3　中国现代第一枚大铜章

图3-4　中国现代第一枚"格式"大铜章

的序幕。其实在解放前,中国也有不少大铜章作品,比如图 3-5,民国二十四年(1935)制作的全国第六届运动会,直径 69 mm,由上海标准公司制作。民国期间由于没有大型设备,做大规格尺寸章基本是做正背两个薄片,然后中间通过焊接的方式缝合,有些会在中间空隙处浇入金属,由于此种制作工艺与我们所说的大铜章制作方式有所差别,而且整体来说民国期间的大铜章品种较少(笔者研究发现,有小几十个品种),所以在收藏圈的关注度不高,没有参与到主流学术讨论中来。

图 3-5　民国时期的大铜章

关于中国麦朵尔的起源,还有一种观点认为,与中国的压胜钱(也叫厌胜钱、花钱)有关。压胜钱非流通币,民间一种用作吉利品或避邪物的古钱币的衍生品。它起源于西汉,至清末民初都有铸造。它的本义主要是压邪攘灾和喜庆祈福两大类。到了后来,压胜钱所涉的范围越来越广,诸如开炉、镇库、馈赠、赏赐、祝福、辟灾、占卜、玩赏、戏作、配饰、生肖等等,都铸压胜钱,见图 3-6，山鬼雷公压胜钱，直径 60.5 mm。从压胜钱的形式和作用来看，与现代大铜章的作用有些类似，也是从钱币中衍生出来，人们自然而然地就会将压胜钱与大铜章联系起来。并且近些年造币厂也做了许多压胜钱形式的大铜章，如图 3-7，上海造币厂的"伯乐相马"大铜章；图 3-8，沈阳造币厂的"招财进宝"大铜章，这又使得压胜钱与大铜章有了一丝的联系。

麦朵尔的起源一直是学术界一个争论的话题，至今也没有一个定论。学术界普遍认为章起源于币。虽然尼罗河流域和两河流域文明早于我们的黄河流域，但是其货币文化却晚了我们很多年。很多英美考古学家在埃及、巴比伦拼命地挖，也没有挖出一枚钱币，但是中国早在殷墟之前就挖出了古币。西方钱币，见到最早的是波斯银币、希腊银币和罗马金银币。就其源流都发源于小亚

图 3-6 山鬼雷公压胜钱

图 3-7 "伯乐相马"大铜章

图 3-8 "招财进宝"大铜章

细亚的吕底亚,要比中国货币晚了 400 多年。中西货币的交流可以追溯到盛唐,盛唐的货币对亚洲和欧洲都有着深远的影响。在西方货币史上,没有一个国家的货币是独立发展而又长盛不衰的。大多是比较迟地从小亚细亚吕底亚学习、仿效的,而最早铸行和使用货币的小亚细亚吕底亚,则因战争而早就不复存在了。只有我国的货币文化,最早产生,并一直按照自己的发展轨迹,在中华民族的大家庭中顺利发展,成为世界上唯一的历史悠久且从未中断的具有长期、稳定、独特发展的中华钱币文化。中国现代大铜章的萌芽或许是起源于 1979 年,在几十年的发展中也经历了几个阶段。由于率先出现在造币厂,早期大铜章里蕴含着很多造币的特性。造币厂的工匠们也参照中国古代铸币技术,设计雕刻有中国特色的大铜章,这些都是大铜章在中国发展的轨迹。随着网络时代的到来,人们越来越多地接触到了欧美现代大铜章文化,同时欧美现代大铜章也领略到了中国元素的风采,相互影响,相互交流,各有特色,共同发展。简单概括中国现代大铜章的发展轨迹:启蒙于国际;传承于中国现代造币技术;早期自我探索阶段融入了大量中国传统文化和璀璨的钱币文化;后期发展受欧美艺术的影响;自成一派,独树一帜。至于大铜章的起源,既不能看中国几十年的大铜章发展史,也不能看欧洲几百年的发展史,可能需要在更长的历史长河中寻求,到底谁影响谁,还需要更多的研究和史料证据。笔者将世界范围内币、章的传承与发展整理成图 3-9,以供读者参考。

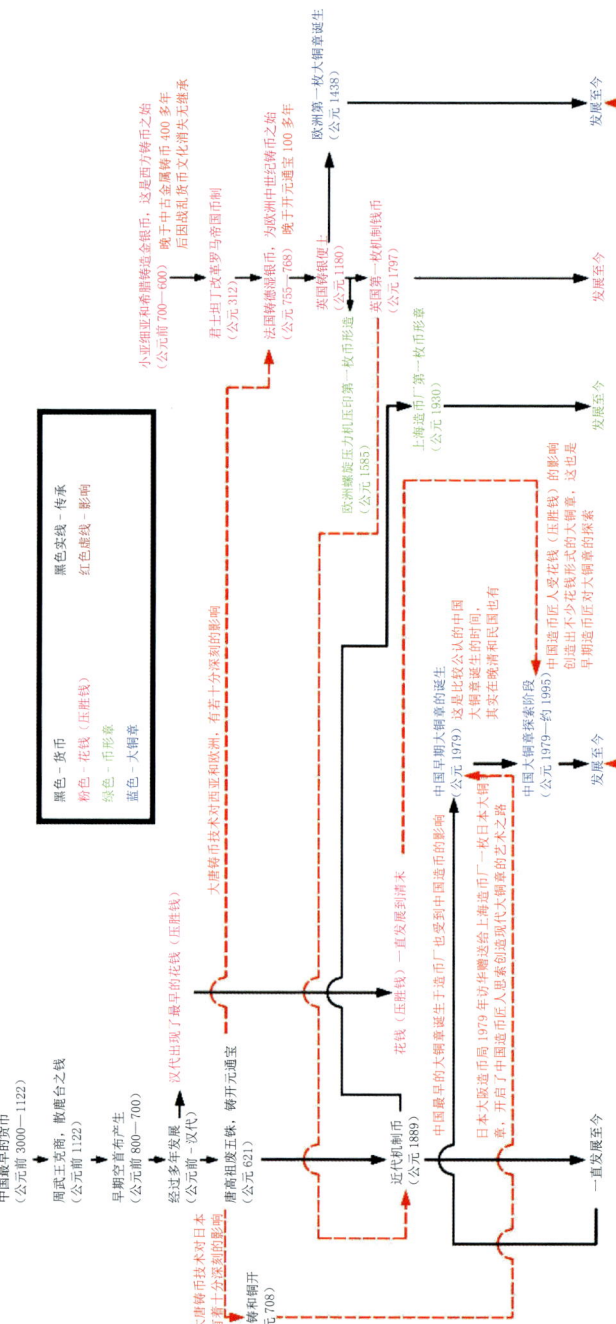

图 3-9 世界范围内币、章的传承与发展

第二章　章的制作工艺

章的制作有浇铸和压印两种。浇铸工艺和铸造古钱币一样，先做好范模，然后直接用熔化的金属浇铸而成，比如齐白石浇铸章，直径 58 mm，是陈坚的作品，仅造几枚，见图 3-10。这种浇铸的章，可以明显看到金属冷却凝固时所形成的气泡，还有翻砂的砂眼。目前国内生产浇铸章的工厂并不多，主要的方式其实也是类似古代的失蜡浇铸法，大致过程如下：①设计雕刻师设计雕刻出石膏模；②上雕刻机进行缩雕，也有用 3D 扫描直接扫描石膏模，然后缩雕，缩雕材料通常是树脂类；③在树脂的模型上涂上硅胶，硅胶阴干以后形成中空的硅胶模；④往硅胶模内注入蜡，蜡干后形成实心的蜡模；⑤将蜡模放入石盅内浸入石膏内，待石膏阴干；⑥将石膏放入烤箱中烘焙，让蜡模熔化，形成中空的石膏模；⑦将石膏模放入铸造机里并往石膏模中浇入熔化的金属溶液，待冷却脱模。这样一个浇铸章就制作完成了，然后精修打磨、着色。图 3-11 为聊斋浇铸章的蜡模。

在国内，绝大部分章还是用模具压印生产的，类似于硬币的制作方法。比如前面介绍的上海造币厂第一枚大铜章就是。20 世纪 80 年代最传统的章的模具制作工艺是由设计雕刻师先雕刻油土、翻石膏模；然后浸蜡、上银；再放入电解铜溶液生成铜模板；然后再镀镍，让铜模板有一定的强度；最后再上雕刻机

图 3-10　"齐白石"浇铸章

图 3-11 聊斋浇铸章的蜡模

雕刻模具。随着科学技术的发展,现在也有很多是用电脑直接扫描石膏模,然后雕刻出所需尺寸的模具,这种钢制模具的生产方式,我们称为"机雕"。图 3-12 是放入电解铜溶液中所生成的铜模片。图 3-13 是当时上海造币厂所用的雕刻机,正在雕刻模具。

图 3-12 "齐白石"铜模片

图 3-13 雕刻机正在雕刻模具

压印章的模具生产方式中,还有一种是手工雕刻,简称为"手雕"。手雕是设计雕刻师通过凿子、榔头和雕刻刀等工具直接在钢制模坯上雕刻模具。用这样制作模具的方式所压印出来的作品,成为手雕作品。其制作流程一般如下:①设计图稿;②用工具在钢料上1∶1地雕刻,一般雕刻阴模(也有雕刻阳模的);③翻成阳模修模;④模具淬火;⑤翻制工作模;⑥工作模淬火;⑦压印产品。不难看出这种方式制作模具的难度更大,依赖于现代工业的程度更低。手工雕刻的历史非常悠久,起源于公元前7世纪小亚细亚吕底亚货币,距今已经有2 000多年的历史,直到近200年才被雕刻机逐步取代。但是近些年,越来越多的人关注手雕工艺,各国政府也加以保护这门古老的传统手工艺。

欧洲手雕章十分之多,从古至今都有生产,欧洲手雕章在20世纪60年代到90年代是一个高峰,尤其以法国造币厂为中心,涌现出一批手雕大师。他们的作品大多保留明显的手雕痕迹、凿痕和刀痕,一般很容易辨认出手雕和机雕的区别,见图3-14。这些手雕的痕迹给人以特殊的美感,手雕章在国际章圈有着很高的地位,为很多藏家追捧,见图3-15~图3-34。

图3-14 手雕章

图3-15 几维鸟(Bloc)

图 3-16 寄居蟹
(Mauviel)

图 3-17 死海古卷
(Asselbergs)

图 3-18 自雕像
(Joly)

图 3-19 唐·吉诃德
(Bouyon)

图 3-20　蜜蜂 (Bret)

图 3-21　巴黎公社 (Corbin)

图 3-22　哥伦布 (Santucci)

图 3-23　日本画圣雪舟 (Despieree)

图 3-24 画家裴梅克
(Hornn)

图 3-25 巴林树蛙
(Yvonne SchachDuc)

图 3-26 枫丹白露画
派大师普列马提乔
(Ammann)

图 3-27 画家丁托列
多 (Charon)

图 3-28　画家基尔兰达（Pepin）

图 3-29　首个到达北极的探险家阿森纳（Maillart）

图 3-30　迈泰奥拉修道院（Kallipoliti）

图 3-31　祖冲之（LAU PO SHIN，楼宝善）

图 3-32 浮世绘广重（Kakuyama）

图 3-33 荷兰画家阿弗坎普（Iborra）

图 3-34 画家勃鲁盖尔（Devigne）

国内手雕技术形成得较晚，晚清、民国时期是一个高峰。新中国成立以后，以上海造币厂为代表的手雕币、章崭露头角。从第一代手雕大师传承至今已至第五代手雕传承人。其间，20 世纪 70—80 年代是一个小高峰，涌现出了很多优秀的手雕大师。恰逢中国刚刚改革开放，网络技术也没有普及，因此国内手雕师和国际交流的机会较少。当时的理念就是手雕能做到与机雕一样精美，所以很多手雕作品都通过翻模之后打磨掉了手雕的痕迹，若不是文献记载或者作者自己证明，藏家很难看出是手雕作品，十分可惜。但这也不能掩盖那些手雕作品的精美。

图 3-35　吉象（叶伯林）与双龙戏珠（叶仲华）

图 3-36　爱因斯坦（方茂森）

图 3-37　仙鹤（龚宜亭）　　图 3-38　第一医学院（裔式忠）

图 3-39 高尔基(曾成沪)

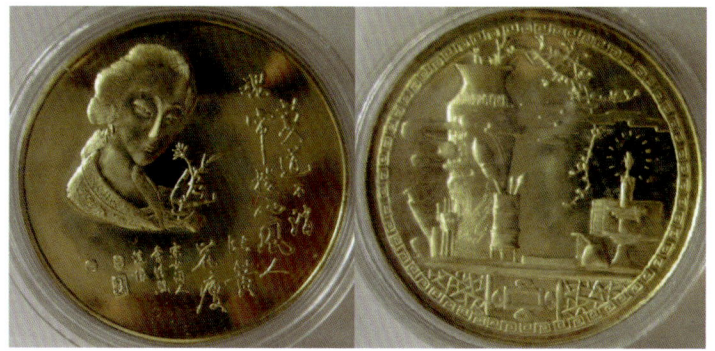

图 3-40 李清照(白文均)

随着中国的改革开放,国内的手雕大师们逐步受到了国外手雕作品的影响,也在自己的手雕作品上留下了明显的手雕痕迹。这些作品更加受到国人的喜爱。比如图 3-41,曾成沪老师的"王羲之",正面的手雕痕迹正好体现了王羲之老态龙钟面部表情,背面以刀代笔,把兰亭序刻画出来,铁画银钩。再比如陈懋老师的"亚述文明",也保留了明显的手雕痕迹,给我们呈现手雕独有的美感,见图 3-42。

手雕作为一种古老的传统手工艺,经历了沉沉浮浮,至今仍然光芒四射,在币章收藏界发挥着不可替代的作用。其作品也必将成为一支独特的门类,为广大藏家所喜爱。

图 3-41 王羲之（曾成沪）

图 3-42 亚述文明（陈懋）

第三章　章中的样章

在钱币收藏圈，样币由于发行量小、存世量稀少、收藏难度大等原因，一直是藏家竞相收藏的品种。从样币的性质来看，也分成不同的种类。比如清末、民国时代的很多机制币样币，其实是一些国外造币厂为了向当时政府申请到加工的业务而做的"广告币"。也有新中国成立以后，研制铝分币，造币厂同时设计雕刻了几十种试样并送中央审批的"送呈样币"。还有现在的流通硬币，在原有图案基础上增加"样币"二字，发往各大银行，以便验证钱币真伪的"工作样币"。章也是这样，也有很多种"样章"性质。笔者大致总结了以下几种，及其收藏价值的分析，以供读者参考。

一、送呈样章

"送呈样章"和"送呈样币"的性质差不多，是为了上级单位或者领导企业审核，在正式批量生产之前所做的样品章。此类章一般数量极少，做工包装精美，收藏投资潜力较大。

新中国成立之后第一次发行的贵金属纪念章——"北京风景"金质纪念章已经成为现代纪念币章经典中的经典，更是开启了中国铸造发行贵金属纪念币章的全新时代。中国人民银行印制管理局在1978年首次派出代表团在国外考察，领略到国外诸多精制币章的风采，深受触动。回国以后，中国人民银行决定以首都作为题材，发行一套由中国自己设计铸造的"北京风景"纪念金章。当时上海造币厂接到任务以后，历经半年，由骆行沙、王振峰、陈坚和孙奇龄四位设计师设计雕刻的"北京风景"金质纪念章终于研制成功。

作为中国第一套公开对外发行的贵金属纪念币章，"北京风景"金质纪念章在1979年1月共发行了2 000套，每套含4枚，每枚直径27毫米，含纯金0.5盎司，成色为91.6%。正面图案为天安门华表和"中国北京1979"字样，背面图案则分别为八达岭长城、北海白塔、天坛祈年殿和颐和园。由于纪念章选题严谨，工艺精湛，图案设计简洁大气，雕刻精益求精，光和影下浮雕的层次感分明，精美绝伦。同时包装精美多样，附证书，见图3-43。

1979年1月18日，中国人民银行委托香港宝生银行为香港地区的总经销，

图 3-43 "北京风景"金质纪念章及包装、证书

在香港地区首次发行"北京风景"纪念章。首发1 500套在几个小时内就被抢购一空。这套金章成功铸造与在香港地区的顺利发行,也达到了起初在政治、经济上的双重影响。在那个国门刚刚打开的困难时代,通过各个渠道增加外汇储备,是提升国际贸易往来极其重要的筹码,而精美的金质纪念章也展示了中国铸造、发行"国家名片"的综合实力。从模式上来说,"北京风景"金质纪念章也完整探索了中国贵金属币章的发行方式,为后续各类主题的金银纪念币章走向世界取得了宝贵的初步经验。

在此套金章正式批量生产之前,上海造币厂为了报中国人民银行审批,使用了同样的模具和工艺,同时为了降低成本,采用紫铜材质制作了数套送呈样章,见图3-44。其数量比之后批量生产的金章稀少了很多,乃至于多年以后难觅踪迹,价格比金章还要昂贵,千金难求。

类似于此类的"送呈样章"有着很高的收藏与投资价值,但由于很多资料缺失,造币厂自身记录也少,以至于很难证明与推广此类样章,目前接受度高的品种并不多见,还需要慢慢挖掘。

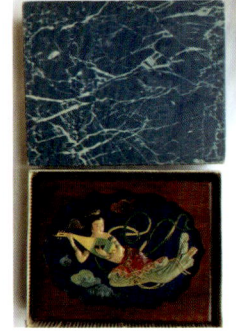

图 3-44 紫铜材质的"北京风景"送呈样章

二、生产试制样章

生产试制样章主要是为了造币厂的设计雕刻师内部审核，看看生产出来的产品效果如何。此类章有些可能研发出来效果很好，设计雕刻师不再修改；有些章可能试样出来，设计雕刻师不甚满意，后来又细微修改，批量生产之后，造成了生产试制样章与正式发行的章有区别。这类章有着一定的稀缺度和收藏与投资的价值。

2012 年伦敦奥林匹克运动会大铜章，正式发行的为图 3-45 的左图。当时设计雕刻师只是为了看看浮雕效果，先打制了图 3-45 的右图。文字写的是 2010 年，这个显然是错误的。后来正式发行时修改成左图了。所以图 3-45 的右图为当时试样的章，便十分罕见。

中国工农红军长征胜利八十周年大铜章，正式发行的是图 3-46 的左图。在设计雕刻师打样的时候，发现文字太靠近浮雕，为图 3-46 的右图，不太美观，后才改成左图生产。

还有些试样章未上色，只是看看浮雕效果，见图 3-47，"神舟"七号飞船载人航天飞行纪念大铜章，就是一枚未上色的试样章。此类章可以说是样，也可以说是

图 3-45 "伦敦奥林匹克运动会"大铜章与其试样

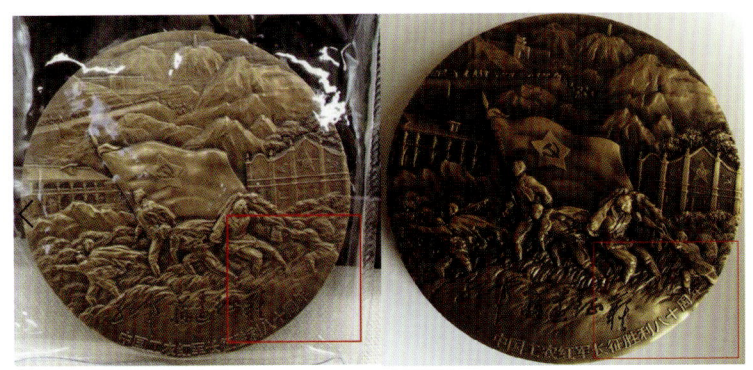

图 3-46 "中国工农红军长征胜利八十周年"大铜章与其试样

"半成品",有一定收藏价值,但是也要注意区分真伪与戏作。

还有些样章与正式发行的章区别在编号上。由于有些章边缘是打上编号的,与证书号相同。但那些内部试样的章,不在正式发行之列,所以章边缘是没有编号的。例如,纪念上海解放80周年大铜章,其内部打样看浮雕的边缘没有编号,见图3-48右上,而正式发行的边缘都有编号,见图3-48右下。此类章需要和一些"超生"章

图 3-47 "神舟"七号飞船载人航天飞行大铜章试样

图 3-48 "纪念上海解放 80 周年"大铜章

区别开,造币厂早些年由于管理不严格,有些品种造币厂有多做的情况,并且有些有"门路"的人将这些"超生"章拿到市场变卖的情况,以获取利益。随着造币厂的管理越来越严格和正规,此类现象已经很少见了,藏家需要根据经验加以区分。

三、官方留档样章

造币厂通常都有自己的档案室,用于自己产品的记录与留档。一般而言,造币厂所造的章自身都会留一枚或者数枚作为存档之用。这些章大多数和正式发行的一样,有些也会有所区别。有些留档样品是给主办方或者开发单位留档之用。比如 1990 年亚运会奖牌大铜章,这是给组委会留档所用,上面刻上了"样品"两字,见图 3-49。一般而言在章上直接刻"样品"、"样章"字样的并不多见。藏家切勿猎奇,迷信来路不正的刻有"样品"、"样章"字样的章。

此类官方留档样章,倘若与正式发行的章有区别,那就有很高的收藏与投资价值,其数量一定是很少见的。藏家一定要善于分辨真伪,细心甄别。

图 3-49　1990 年亚运会大铜章"样品"

四、未发行章

造币厂有很多章,设计雕刻师设计了,也开了模具生产了少许,但由于种种原因没有生产。有些是设计雕刻师的习作,有些是练兵之作,有些可能没有通过造币厂的审批,最后未能生产。这些章由于大多都很罕见,也被统称为"样章"。

图 3-50,"爱因斯坦"币形章是方茂森老师的手雕力作,当时为了练兵之用,黄铜和铝各制作了 2 枚。由于此章年代久远,材质与工艺已经有很大的差别,此类章很难再复制生产出完全一模一样的,目前已经成为币形章中的珍品,藏家对此梦寐以求。

图 3-50　"爱因斯坦"币形章

图 3-51,"弦"大铜章是上海造币厂近些年的作品,也不知道是由于什么原因没有对外发行。像此类章,倘若造币厂一直不发行,则此章会有很大的价

图 3-51 "弦"大铜章

值,但收藏此类章也有风险,一旦造币厂哪天想发行了,就会给价格带来很大的冲击。比如此枚章,笔者发现在 2021 年上币官网上已有销售。造币厂像这样先开模具打样,若干年以后再生产的现象也很普遍。

五、其他样章

有很多企业或者个人会委托造币厂做一些产品,在当初管理不是很严格的时候,有些产品印制了一些编号为"000"的证书,配上章,作为送礼之用。这些章也会流入市场,有时也被视作"样章",见图 3-52。此类"样章"的价值和普通发行的章应该相差不会很大,但是也有一定收藏价值。

造币厂一般不会允许打着"试样"或者"样章"的产品流散出去,但是民间机构就不同了。他们一般不会有造币厂的严格控制和管理,有时候一个产品会有很多个"样章"流出,有时在市场上见到的样章数量比发行的产品还要多。

图 3-52 编号为"00000"的造币厂"样章"

如图 3-53，政协上海市闸北区第十二届委员会大铜章，在证书上和章上都打了"试样"的字样，但是此章在一个阶段流出很多，价格也很低，此类样章的收藏价格不宜过高，否则会有一定的风险。

总体来说，收藏样章需要一定知识和鉴别能力，要能区分所收样章的性质，不能笼统地说样章就是好章，或者样章就是有问题的。章不如币发行得严谨，样章的随意性也更大，所以收藏样章，一定要收藏造币厂为主的，其权威性和保障性更强，以后的升值空间也会更大。

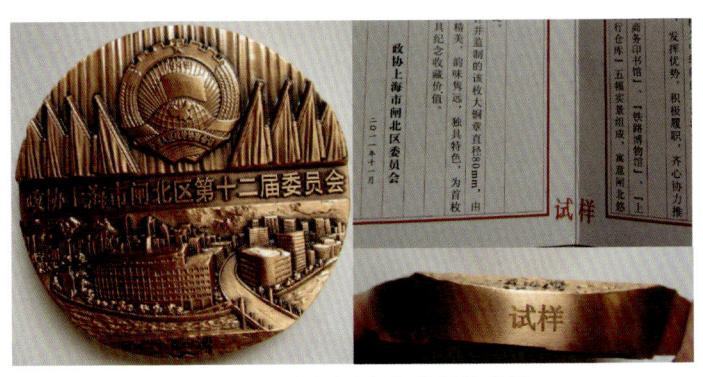

图 3-53　证书和章上都有"试样"字样

第四章　章中的版别、再版、"超生"、假章

章的版别、再版、"超生"、假章的讨论一直是章圈的热门话题，这些因素都与章的收藏与投资潜力息息相关。如何正确理解和看待这些敏感话题，对于新人的收藏有着很大的指导意义。

一、章的版别

与币一样，很多章也有着不同的版别。有些版别有着很大的区别，正面相同，背面完全不同。见图3-54，这是沈阳造币厂20世纪80年代铸造的"老寿星"章，正面都是老寿星，背面有大寿字和小寿字两种版别。大寿字版别十分常见，价格也只有小几百；而小寿字版别十分罕见，2021年刚刚发现的新品种，价格自然高出很多。

图3-54　大寿字版和小寿字版"老寿星"章

造币厂还有很多章，正背会有一些"错配"的现象，其实有时是造币厂为了节约设计和模具费用，用原有的模具生产了别的章，造成了不同章的正背

排列组合，出现了新的品种的现象。这种错配的章，也可以视为一种版别。上海造币厂33mm第一轮生肖本铜猪章，铸造于1983年猪年。长期以来藏家都认为只有背面"天干地支"一个版别，见图3-55左上。后来于2014年发现了背面"龙凤福字"的版别，这个"龙凤福字"图案，见图3-55右上。其实"龙凤福字"图案是用在了1985年牛章的背面的，见图3-56。之后于2020年又发现了背面为"中国硬币"的版别，见图3-55下。"中国硬币"图案是用了1981年鸡的背面，见图3-57。为何1983年猪年会生产这么多的版别，也不得而知了。

图3-55　三种不同版别的本铜生肖猪章

图3-56　1985年生肖牛章

图 3-57 1981 年生肖鸡章

同样的情况,在大铜章上也时常出现。比如上海造币厂发行过"老寿星"大铜章,正面是老寿星,背面是大寿字,见图 3-58;同时也发行过"仕女图"大铜章,正面是仕女遛狗,背面是日历牌,见图 3-59。但是不知道出于什么原因,市场上又发现了正面是仕女遛狗,背面是大寿字章,见图 3-60。此章正面

图 3-58 "老寿星"大铜章

图 3-59 "仕女图"大铜章

图 3-60　背面大寿字的"仕女图"大铜章

等于用了仕女章的正面图案，背面用了"老寿星"的背面图案，生成了新的一个品种，市面十分罕见。

玩章的乐趣之一，就是没有人知道究竟出过多少章，不断有发现新品种的惊喜。对于新出现的品种，我们要通过丰富的藏识与经验去判断是新出现的版别，还是有人为造假。比如图 3-61，虽然章上打着"中国造币公司"的款，时间标着是 1981 年，正背图案一样，但是从章的整体设计、材质、工艺风格来看，都不像造币厂 20 世纪 80 年代的产品，此章颇为可疑。对于新品种的出现，藏家要抱着谨慎的态度，多方论证真伪，以免吃药。藏家需要自身提高鉴别能力，以免好东西在你面前出现，但是又错过了。

图 3-61　颇为可疑的"1981 年"章

章与币一样，有些品种的章，章与章之间图案基本相同，但是有细微的差别，形成不同的版别收藏。上海造币厂 1983 年发行的"虾蟹"币形章，其中

"蟹"这枚有两种版别,一种圆形和方形小印章在"白石"二字的右边,见图3-62;还有一种圆形和方形小印章在"白石"二字的左边,见图3-63。笔者曾经就此问题问过"虾蟹"的作者白文均老师,白文均老师也不知道其原因。原本就是十分少见的黄铜精制币形章,还有两种版别,也是让人费解。不过给藏家倒是带来了不少乐趣。

图3-62 "虾蟹"币形章(版式一)

图3-63 "虾蟹"币形章(版式二)

章的生产铸造不像币那么严格,而且很多章都有长期生产的过程。比如十二生肖币形章,当年的每个年份生产,到了12枚出完以后,又生产一批装帧。生肖章,同一个品种会有一些差异,有些坯饼厚度、重量不同,有些精制程度有差异。目前,章的收藏群体较小,版别的区分不宜太细,否则玩法太复杂,收藏成本过高,不利于新人的进入与群体的扩大。比如"中国古塔"币形章,早期本铜章的正面左下角最左侧波浪边上有"无凸点"和"有凸点"两种,见图3-64,有藏友认为"无凸点"为首版,"有凸点"为二版。首先,章的发行先后很难说清楚,有些章有精美包装;有些章没有包装,只有原塑封,孰先孰

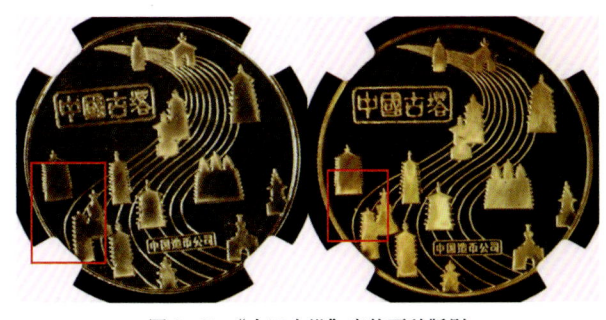

图 3-64 "中国古塔"章的两种版别

后,连造币厂自己都说不清。其次,古塔正面是用立式雕刻机雕刻的,模具雕刻有差异,十分正常,就算一次雕刻用母模翻模,在翻模过程中造成了细小的差异也不足为奇。要如此细分版别,那章的版别就太多了,无穷无尽。

二、章的再版

再版一直是困扰章圈发展的一个重要问题,很多藏友一谈到章的再版就深恶痛绝,认为这是玩章没有保障的重要因素之一。对章有版权的人或者团体愿意,就能对章无限制的复制、再版。如何正确看待再版章,是一个长期困扰藏家收藏的问题。我们把目光放到国外,看看国外是如何面对再版的。法国造币厂是在世界范围内,较早地也是较成规模地研发章的机构,创作了无数的经典好章,成为当今世界最主要的一支章牌创作力量。在其几百年的创作过程中,也培养了大量的人才,为世界章牌推广,作出了巨大贡献。然而,法国章是再版最多的品种之一,很多品种都是一而再、再而三的再版,甚至延续到现在。见图 3-65,"海豚"是法国著名的设计雕刻师 Bret 的手雕章,此为限量版,第一,带有边圈;第二,在边缘上打着"丰饶号 cu 1978 No 28/100",意思为"法国造币厂紫铜 1978 年造限量 100 枚,这是第 28 枚"。在 1978 年以后,法国造币厂又陆续再版了此枚"海豚"章,见图 3-66,此章与限量版的海豚有着很大的区别:第一,没有带边圈;第二,在边缘上只打着"1979 丰饶号 BRONZE",意思为"1979 年造法国造币厂青铜"。再往后,法国造币厂又再版了青铜的,在边缘上仅仅打着"丰饶号 BRONZE",意思为"法国造币厂青铜",见图 3-67。近些年,法国造币厂又再版了"铜绿"色"海豚",边缘只是简单打了"丰饶号",见图 3-68。我们不难看出限量版的章与再版章的区别,一个有边圈,一个没有边圈；一个材质为紫铜，一个材质为青铜；边缘文字也不同。其实像这样再版章和原版章有着明显的区别，再版章对原版章的价格冲击并不严重。有时会还起到一定的推广作用。

图 3-65　1978 年发行的"海豚"章（紫铜）

图 3-66　1979 年再版的"海豚"章（青铜）

图 3-67　陆续再版的"海豚"章

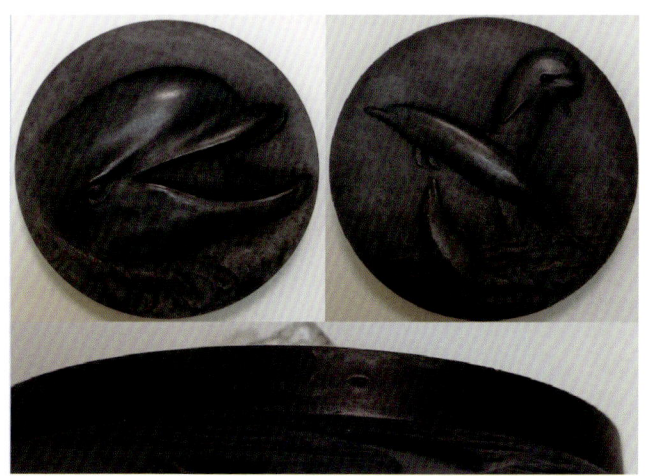

图 3-68　近年再版的"海豚"章（铜绿色）

　　国章也有很多再版章，最为人所熟知的就是上海造币厂 20 世纪 90 年代再版了一批镀金章。这些镀金章从外观上来看和原版的本铜精制章有着明显的视觉差别，有些章的图案也有所不同，如图 3-69，镀金的"虾蟹"，和之前的本铜"虾蟹"相比，没有了"白石"文字和圆形与方形小印章。这些镀金章发行量和存世量远远大于早期本铜品种，其不但没有对早期本铜章的价格产生影响，反而让更多的藏家能够知道上海造币厂的作品，起到积极的推动作用。如果仅

图 3-69 再版的"虾蟹"章

仅只有早期本铜章,则币形章的收藏群体应该会更小,因为那些章的收藏难度太大,很多藏家想收藏但购买不到,久而久之就没有了兴趣。如今,有了这些镀金章,藏家可以先购买到容易购买的再版镀金章,先欣赏起来,以后有机会再收藏早期本铜品种。

  大家一谈到国章的再版问题,就会想到罗永辉的生肖高浮雕大铜章系列,将其作为反面教材进行批评。其实我们也要理性看待这个问题。上海造币厂于1998年发行了80 mm的紫铜虎年高浮雕章,此套章为著名设计雕刻师罗永辉的力作,一共发行了12年,每年一枚。由于设计精美、制作精良,其中第一枚老虎头价格一路升至2万多元人民币,当时还一章难求,见图3-70。由于此套章的名气很大,上海造币厂以及开发商又再版了此套高浮雕章,材质形式均与原版有所不同,其中做了60 mm黄铜的,见图3-71;双金属章,见图3-72;仿古银嵌和田玉章,见图3-73。经过多年的沉浮,当年2万多元一枚的老虎头已经跌到了几千一枚,而且还很难出手。很多藏家都把大铜章的跌价归咎于再版章的滥发,这不是完全没有道理。不过我们也要仔细分析一下,当年老虎头涨到了2万多,其中不乏有很多炒作的味道,有人囤货居奇然后抬价收购,再将手里的货高价卖出,牟取暴利。等到那些人的货都出了,自然而然就会跌价,当初高价买入的人被套住。所以将罗永辉首套高浮雕章的价格崩盘完全归咎于再版,不太准确。罗永辉首套高浮雕章历经国章的起起伏伏,从小众收藏到席卷全国的收藏高潮,当时只要开发商开发出来章,就不愁卖;再到章的行情一落千丈,无人问津。价格起伏有很多因素,不能一概而论。

  早期生肖币形章也做过再版,图3-74是沈阳造币厂一轮生肖币形章,其实其价格理论上应该和上海造币厂一轮生肖币形章差不多,但就是因为这些年来

图 3-70　1998 年原版"虎年"章（80 mm 紫铜）

图 3-71　"虎年"再版章（60 mm，黄铜）

图 3-72　"虎年"再版章（双金属）

图 3-73　"虎年"再版章（仿古银嵌和田玉）

做了一些再版章,见图 3-75,而这些再版章与原版章的形式相差不大,这样就造成了对原版章的价格冲击。造币厂后来也进行反思与总结,随后出台了相关的规定。严格禁止制作与已有产品一模一样的产品,这样对原版章也是一种保护。

图 3-74 沈阳造币厂的一轮生肖币形章

图 3-75 再版的一轮生肖币形章

三、"超生"章

所谓"超生"章,就是超出了原先发行量范围的章。这些章的出现有很多原因,有些是内部送礼的章,有些是留档的章,有些可能是人钻了空子多生产的章,有些可能是疏忽造成的多产,等等。无论怎么说,"超生"章对章的价格都会有一定的影响。见图 3-76,"中国珍稀动物"币形章,在 1999 年生产了 6 枚一套的,证书上写明为 10 000 套,后来于 2000 年又增加了四个品种,生产了 10 枚一套的,证书上还是写了 10 000 套,如果证书的数量为实际生产数量,那么前 6 枚章,就是生产了 20 000 套,这个无疑是超过了原有的发行计划了。这种情况其实在章圈并不少见,很多章当时做了盒子装帧的,后来又有别的需求,又做了卡装的,其数量也难查询。不过这些章大多实际铸造量远远小于证书上写的发行量,所以藏家也不太担心。很多新开发的章,干脆直接写上了最大开发量,其首次生产量可能只有最大发行量的 10%,以后以销定产,控制成本。

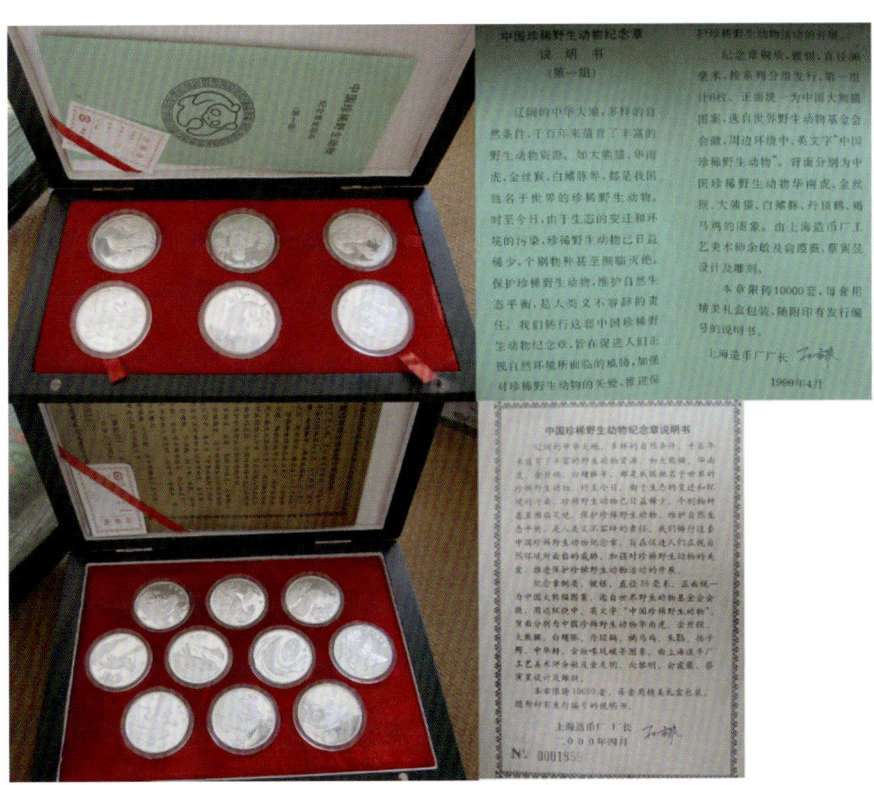

图 3-76 "中国珍稀动物"币形章

此外还有些品种,铸造量并不是很多,但有时出现了一批,如果判断不是假章,就要警惕可能是"超生"章。如上海申泉金店开业纪念章,证书上写明是 300 枚,每一枚章的边缘都打上编号,都有包装证书,见图 3-77。但是在市场里却出现了很多裸的、边缘没有编号的章,从各个方面判断,不像是假章,应该是当时生产此章时的"超生"产品,这样的章如果数量较多,就会影响正常发行章的价格。收藏者要注意价格的控制,以免购买价格过高被套住。

图 3-77 "上海申泉金店开业"纪念章

四、假章

任何收藏板块,都避免不了假货的侵害。章圈也是这样,从外国章到中国章、从大铜章到币形章都有很多假货存在。名气越大的章、价格越高的章越会有假章出现,比如图 3-78 的"古塔"假章。假章精制度很高,比真的镀金章的精制度还要高,但其铜质发白,塑封的纹饰也和造币厂的有很大区别。这批假章和文化遗产精制纪念币的假币如出一辙。河南登封嵩岳寺塔这一枚更是明显,真章的"登"字有两点,假的"登"字连两点都省去了,边齿也有很大的区别,见图 3-79。

除了"古塔"之外,"金鱼"、"生肖"、沈币的"野生动物"、"1982 年女

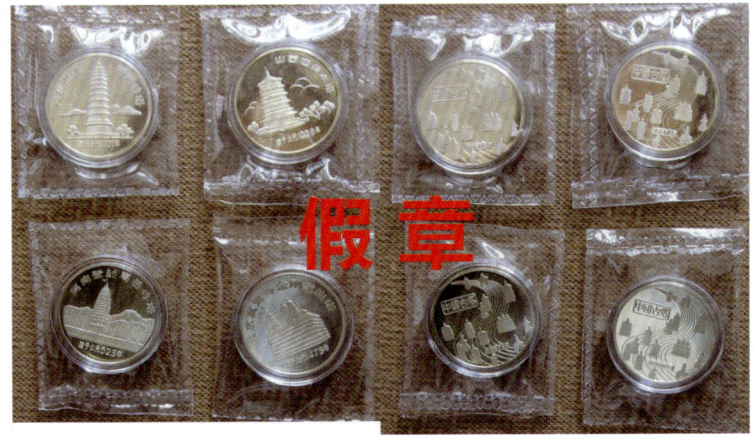

图 3-78 "古塔"假章

图 3-79 真假章对比

排"、"鲁迅"、"沈币建厂"等都有假章。大铜章中 20 世纪 80、90 年代的品种中，也有几十个品种有假章。有些假章做工很好，没有一定的鉴别能力很难区分，买家一定要多加小心。

更有甚者，有些人还把假章说成是再版章、"超生"章甚至样章，混淆视听，牟取暴利。这样的情况藏家更加需要仔细分别。图 3-80，是上海造币厂 1986 年为了纪念熊猫金币获国家金杯奖所发行的一枚 50 mm 章，真章罕见。假章与真章相比，多处文字、图形有着明显的区别，上色也不同。刚开始出现假章的时候，有人还把假章当做再版章销售，蒙混了一时。对于一些老精稀的品种，如果一时出来很多，并且没有包装证书，或者塑封形式不对或者都是全新，藏家们就要引起重视。很有可能是后期制假。

图 3-80 真假章对比

对于章的收藏，我们必须对版别、再版、"超生"、假章，有明确的区分，弄清楚自己所收藏、投资的章的性质。正确看待章的版别、再版、"超生"问题，坚决抵制假章，确保自己所收藏的章是有价值的。

第五章　影响章价格的多种因素

通过前几章的介绍，大家对于章一定已经有所了解，章的收藏既有和其他板块收藏相同的地方，也有很多的不同。影响章价格的因素也是多种多样。如何选择有潜力的品种收藏与投资，是新人一直特别关心的话题，本章将作详细的介绍。

一、勿以量少论英雄

章由于不是国家法定货币，它的生产与加工，不会像币那么严格。任何个人与公司都可以委托造币机构定制加工章，民营造章机构的生产更为自由。很多章可以做得数量十分稀少，甚至就做一枚，成为孤品，但是其价值不会像机制币大珍那样昂贵。图 3-81 是欧特克中国研究院构件开发组成立十周年时委托上海造币厂铸造的一枚 2 盎司纯银章，仅仅铸造 1 枚，世间孤品。但是其价值不会很高，只有小众人群才会收藏此章，绝大部分人闻所未闻。其实在章圈这类定制加工章还有很多，这就足以说明，章绝对不是物以稀为贵的。要认真区分章的主题、铸造年代等因素，综合判断。图 3-82 是西安藏友王学纪于 2016 年发现的一枚 60 mm 章，此章虽然是第一次发现，但是从正背图案、材质、工

图 3-81　仅限量制作 1 枚的定制章

图 3-82 目前仅见的沈币早期章

艺来看都是沈币早期的精品。此章正面图案为长城,背面图案是叠币图案,图案都是藏家十分喜欢的内容,到目前为止也只发现此一枚。此章的价格就会十分昂贵,很有收藏价值。这两枚章虽然到目前为止都是"孤品"章,但是价格会有天壤之别,即使图 3-82 的章还存在继续被"发掘"出的风险,但价格仍然是图 3-82 的章高于图 3-81 的章。

图 3-83 "小放猪"章,是上海造币厂的陈坚、顾杏宝设计雕刻的。此章是中国大铜章中的大名品,名气之大,众人皆知,其地位犹如邮票中的猴票。由于名

图 3-83 "小放猪"章

气响,所以认知度高,虽然不是样章,数量比样章多,但是其价格比很多早期样章还要高。其实这和有些品种的收藏一样,有些价格高的未必就是少的,可能是大众认可度高的品种,宣传对于藏品的价格的建立有着十分重要的作用。

二、出量的风险

出量对于单一品种的收藏价格会有很大的影响,这对于任何一个收藏板块都是一样的。比如前不久某经销商把库存的精制币大量抛售出来,使得短期内收藏市场无法消化,造成有些精制币品种供大于求,价格也下跌了不少。章的收藏也经常会受到出量的风险,由于章的收藏群体小,整体的消化能力差,出量对章价格的影响会更大。章的出量有多种原因,有些是因为居奇者放货,有些是因为一些定制产品库存流出。总的来说,新章出量的风险远远大于老章,但是都有出量的风险,藏家要有抵御风险的心理,还有就是要控制购入成本,降低风险。

图3-84是上海造币厂1982年发行的中国人民政治协商会议全国委员会大铜章,是由上海造币厂的裔式忠手雕创作的。此章原来十分罕见,万元都难求一枚。但是此章于2020年出来了一批量,猜想应该是当时相关经手人的库存,由于一时出来的量众多,价格一路下滑,跌至2 000元左右。玩老精稀章品种的群体原本就小,一旦出量价格马上就会有大幅下滑。但是藏家也不必过分担忧,按照多年的收藏市场情况来看,出量的品种不是很多,而且这也不是章圈独有

图3-84　出量导致价格下滑的早期大铜章

的问题,整个收藏品市场都是这样,量少的时候大家求之争先恐后,一旦出量价格又顶不住了,藏家们也不必过分担心。

图3-85是上海造币厂罗永辉于1987年创作的"老舍诞辰九十周年纪念"大铜章。此章正面大刀阔斧,油泥痕迹斑斑,体现老舍的沧桑。背面精雕细琢,叙述着老舍作品茶馆中的故事。正面类似中国画中的写意,背面类似中国画中的工笔,正背风格迥然,妙趣横生。此章为练兵习作,没有发行,仅做数枚样章,并且在早期的两本铜章书中均有记录,后又得到作者本人的证实。所以此类章,由于当时的铸造量有限,不可能有出量的风险,乃收藏的上品。

图3-85 "老舍诞辰九十周年纪念"大铜章

收藏章的藏家要正确看待出量的问题,以平常心收藏。同时要有判断能力,预见哪些章有出量的风险,控制收藏成本,做到合理投资。

三、断尾章对收藏的影响

在章的收藏中会面临着一些问题,其中断尾就是影响藏家收藏积极性的问题之一。所谓断尾章就是指原本一个系列的章,由于某些原因只出了系列中的前几枚,后几枚不再发行的情况。有些断尾章,是因为受到市场行情的影响,开发商无力开发后续品种。如上海造币厂发行方形生肖章,只发行了"龙"、"蛇"、"马"、"羊"四枚,后来由于市场行情问题,未再发行下去,见图3-86。四大名著系列也只发行了"罗贯中"与"施耐庵",见图3-87。

2020年新冠疫情席卷全球,也波及了收藏圈。那一年,每年一度的北京国际钱币博览会停办,这是北京钱博会第二次停办,上一次是2003年因"非典"

图 3-86 "断尾"的方形生肖系列章

图 3-87 "断尾"的四大名著系列章

停办。由于北京钱博会的停办,各大造币厂每年在钱博会上生产的品种也停止发行,这就造成了部分产品的断尾现象。如深圳国宝造币有限公司铸造的福字生肖,发行了猪和鼠年章,受到新冠影响牛年的就没有发行了,这个系列的将来会如何,还不得而知,见图 3-88。

图 3-88 "断尾"的福字生肖系列章

还有很多品种由于利润过于微薄，发行机构或开发商都没有发行的动力，因而出现了断尾的现象，比如上海造币厂的三轮 33 mm 生肖章只发行到了 2009 年牛，30 mm 生肖章只发行到了 2019 年猪。这些章原本价格就很低廉，发行机构或开发商无利可图，就渐渐失去了发行动力。说白了，无论是造币厂还是民营机构，发行章都是为了获得利润，没有经济效益，就没有新品发行的动力。

按照收藏惯例，成系列的发行，对该系列的藏品价格有着很大的促进作用。往往系列的首枚，也是系列的龙头，在系列发行完，价格都会有较可观的涨幅。比如流通纪念币中的羊币，就是十二生肖纪念币中最贵的一枚。但是断尾现象对这个系列的收藏会有很大的打击，让藏家"藏头不藏尾"，对藏品的价格也会有很大的影响。在章的收藏上我们也要警惕断尾的情况，正确选择品种。

第六章　如何选择章的收藏品种

章无止境，浩如烟海，收藏章绝对不能像收藏币一样的贪图全、整。没有人能把章都收集全，甚至就连当年发行的章都很难收全。如何有选择地收藏，对于藏家来说至关重要。

章的收藏在世界范围内也分很多的板块，不同的板块有不同的收藏门类和群体，之间相互交融又相对独立。比如有收藏美国绿溪系列的，也有收藏美国章牌协会的。在欧洲有收藏葡萄牙章、挪威章、法国章的。法国章里有收藏古典章的、新艺术章的、现代章的。有人专门收藏专题的，比如动物的、建筑的、黑底上色章的。国内有人收藏大铜章的，也有收藏币形章的；有人玩罕见的章，有人玩艺术的章；有人玩评级章，有人玩原封章，等等。章的玩法多样，是章和其他收藏板块的重大区别之一，也是章的魅力所在。对于新人来说，收藏章要评估以下几点：

1. 一定要划定自己的收藏板块，不能见什么就买。
2. 评估自身的经济实力，与板块的匹配度。
3. 评估自己的收藏圈，考虑买卖的渠道。
4. 尽量收藏与投资认可度高的板块，不要猎奇。
5. 注意章的生产结构和开发商的信誉
6. 注意收藏品的品相。

在国内，币形章的玩法和钱币十分类似，一般只玩造币厂的，十分注重版别与品相，这些都和价格直接挂钩。大铜章的玩法和币形章略有不同，除了注重出品机构、版别、品相之外，大铜章也考虑其艺术性，而艺术性如何判断高低，则是见仁见智。国内大铜章发展较晚，很多理念也是借鉴了国外，在世界范围内有很多艺术大铜章深受各国藏家的青睐，涌现出很多著名的设计雕刻师，数不胜数。笔者介绍其中的一位，让藏家领略一下国际认可度很高的艺术大铜章的格式。

泰蕾兹·迪弗雷纳（Therese Dufresne，1937—2010），国内多称为"杜弗莱"。1937年出生于马达加斯加，法国著名麦朵尔设计师。毕业于巴黎国立高等美术学院应用艺术专业，师从苏弗尔比（Jean Souverbie）学习绘画、师从马塞尔·肖夫内（Chauvenet）学习雕塑，1961年获得法国财政部舍瓦纳尔（chevanard）奖。1964—2000年在素以工艺精湛著称的巴黎造币局供职，为世人创作了70多枚优秀作品。1975年获得法国造币局"章牌革新奖"。杜弗莱在国际麦朵尔领域享有盛誉，获奖无数，而在国际麦朵尔领域东西方文化的差异以及国内麦朵尔发展史较短的因素下，多数国外艺术家的作品不能够在国内被广泛传播。但杜弗莱是个例外，杜弗莱是第一个被国内麦朵尔领域熟知的人物，透过杜弗莱的作品，喜欢浮雕艺术的国人得以将视野打开。而对于杜弗莱的推崇，随着2010年杜弗莱女士的逝世更达到了一个顶峰，常年淫浸在艺术麦朵尔领域的收藏者对杜弗莱的作品"趋之若鹜"。杜弗莱女士作品以建筑为主，采用高浮雕的手法，将建筑的张力体现得淋漓尽致，尽显凝固的艺术之美。

通过杜弗莱的一系列作品，我们不难感受到艺术麦朵尔的魅力。我们收藏的章，最好就是艺术性高的、罕见的、不容易被再版的（或者再版一定会有差别的）、大众认可度高的、品相好的，等多个维度认定的精品。这样的章升值空间很大，以后要出手也会更容易。

图3-89　桑奇佛塔

图 3-90 婆罗浮屠

图 3-91 马丘比丘

图 3-92 雅典卫城

图 3-93　长城

图 3-94　老北京

图 3-95　印度爱神庙

图 3-96 凯瑟琳修道院

图 3-97 麦加

图 3-98 杜布罗夫尼克

图 3-99 耶路撒冷

图 3-100 淘金热

图 3-101 泰戈尔

第七章　介绍国内章的书

要在一个收藏板块中做到理性收藏、合理投资，合适的工具书是必不可少的。总的来说，章的参考书远远少于币书，这也是章圈为何推广缓慢的一个原因。章书少的一个重要原因是关于章的资料太难总结，且资料散而无序，有些就连造币厂、发行机构也缺失记录。甚至早期有一些章的资料掺杂在币书之中。后期有一些藏家通过多年的收藏实践进行系统的总结，编撰了基本案头书，这些书对于章的收藏来说是不可或缺的资料。新人想进入章圈，必须先熟读以下基本参考书。

一、《中华人民共和国纪念币 1979—1984》

图 3-102　《中华人民共和国纪念币 1979—1984》

《中华人民共和国纪念币 1979—1984》是最早的一本有记录造币厂币形章与大铜章的书。虽然整本书记录的章数量不多，只有几十枚。但已经是藏家的一本重要参考书。藏家也以这本书作为蓝本，在此书上出现的章，其价格也会高于同期漏谱的章。大家都以能收藏全这本书上的章为荣。

二、《中国现代纪念币 1979—1988》

《中国现代纪念币 1979—1988》是第二本有关记录造币厂章的书,书中从第 80 页到第 112 页介绍以上海造币厂为主生产的币形章与大铜章。这本书上记录的铜章比《中华人民共和国纪念币 1979—1984》书上多一些,但是也有相互漏谱的章。通常藏家们会将此两本书一起查阅,作为早期铜章的工具书,书上的章也是藏家收藏的首选。

三、《中国当代大铜章》

《中国当代大铜章》由上海造币厂的陈坚主编,收入了 1979—1995 年造币厂生产的 100 多枚大铜章。这本书是收藏早期中国大铜章的秘籍。20 世纪 90 年代是中国大铜章的发展阶段,此书的出版对中国大铜章的发展有着极大的促进作用,此书在中国大铜章界有着十分重要的地位,是一本里程碑式的书。到目前为止,玩早期大铜章的藏家还是以此书为标准,按典收藏。

图 3-103 《中国现代纪念币 1979—1988》

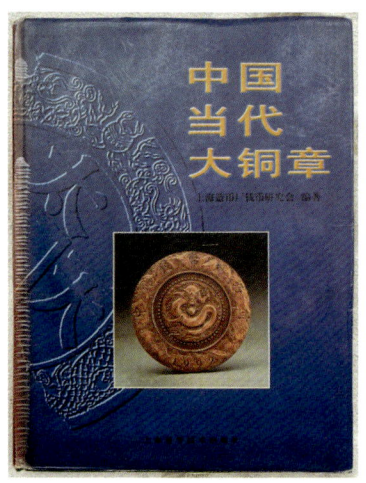

图 3-104 《中国当代大铜章》

四、《中国当代大铜章图典》

自 1995 年的《中国当代大铜章》之后,将近 20 年之间没有任何的大铜章书籍问世。但是在这 20 年中,中国的大铜章正在走过最辉煌的时段。以殷国清先生为主编撰写的《中国当代大铜章图典》应运而生。此书收入了中国从 1979

年到 2013 年间的大铜章 2 000 多枚,包括各大造币厂与民营机构生产的章,十分齐全。它是目前为止收入大铜章最多的一本书,也是现在新人学习中国大铜章的重要资料。

五、《中国艺术大银章图典》

章除了铜材质,还有很多其他的材质,银就是其中一种。国内也有很多收藏银章的藏家,大银章也成立了专门的协会。以顾锦芳先生为主编撰写的《中国艺术大银章图典》收入了从 1982 年至 2014 年(少量 2014 年之后)的 600 多枚、直径在 60 mm 以上的艺术银章。这是国内首本系统收录大银章的书,为大银章爱好者,指引了收藏方向。

 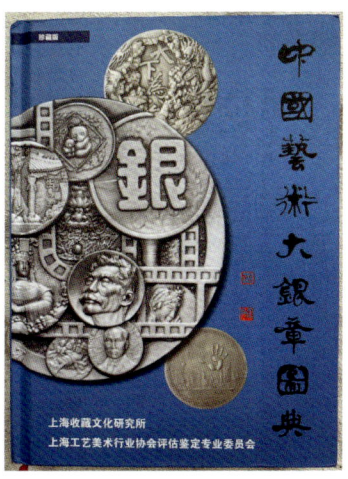

图 3-105 《中国当代大铜章图典》　　图 3-106 《中国艺术大银章图典》

六、《中国现代铜质币形章图典》

自 1988 年的《中国现代纪念币 1979—1988》出版之后,就再有没有一本书系统介绍造币厂所造币形章了。在这 30 多年间,币形章经历了蓬勃发展的阶段,逐渐形成了独立的收藏群体,藏家们对于拥有一本币形章工具书的呼声越来越高,《中国现代铜质币形章图典》由此诞生。此书一共收集了从新中国成立后到 2019 年间各大造币厂所造币形章近 2 000 枚、3 000 多种版别,极大程度弥补了国内币形章资料的空白,已经成为币形章爱好者的宝典。

图 3-107 《中国现代铜质币形章图典》

在任何一个收藏板块,要做到良好的收藏与投资,先对这个板块进行系统的学习是必不可少的。只有了解这个板块的全貌,再进行深挖,才能发现这个板块有潜力的品种,抓住机会,做到收藏的快乐与经济回报双丰收。广大藏友要善于学习,多沟通交流,方能做到运筹帷幄之中,决胜千里之外。

现代钱币收藏与投资

纸币篇

早在中华人民共和国成立之前，1948年12月1日中国人民银行就在石家庄成立了，同时发行了第一套人民币。随着我国经济建设的开展，中国人民银行又陆续发行了第二、第三、第四以及正在流通使用的第五套人民币。另外，为了适应特殊时期、特殊条件下的流通，经国务院批准，中国人民银行、财政部、中国银行等单位还发行过几种类似人民币的有价证券，在特定的条件下参与流通。本篇将对这些纸币作全面的收藏与投资分析。

第一章 人民币纸币

第一节 中国人民银行和人民币

1948年12月1日,以华北银行为基础,合并北海银行、西北农民银行,在河北石家庄组建了中国人民银行,并发行人民币,成为中华人民共和国成立后的中央银行。

1949年2月,中国人民银行由石家庄市迁入北平。1949年9月,中国人民政治协商会议通过《中华人民共和国中央人民政府组织法》,把中国人民银行纳入中央人民政府政务院的直属单位系列,接受财政经济委员会指导,与财政部保持密切联系,赋予其国家银行职能,承担发行国家货币、经理国家金库、管理国家金融、稳定金融市场、支持经济恢复和国家重建的任务。

1983年9月,国务院决定中国人民银行专门行使中国国家中央银行职能。

1995年3月18日,第八届全国人民代表大会第三次会议通过了《中华人民共和国中国人民银行法》,至此,中国人民银行作为中央银行以法律形式被确定下来。

人民币是中华人民共和国法定货币,由中国人民银行设计、印制和发行。中华人民共和国自发行人民币以来,历时70多年,随着经济建设的发展以及人民生活的需要而逐步完善和提高,至今已发行了五套人民币,形成纸币、金属币、普通金属纪念币和贵金属纪念币等多品种多系列的货币体系。第一套、第二套和第三套人民币已经退出流通市场(除1、2、5分三种硬币外),第四套人民币的100元、50元、10元、5元、2元、1元、2角纸币和1角硬币于2018年5月1日起退出流通。现阶段流通使用的人民币主要是1999年、2005年、2015年、2019年发行的第五套人民币。

人民币的单位为元,人民币的辅币单位为角、分。1元等于10角,1角等于10分。人民币符号为元的拼音首字母大写Y加上两横即"¥"。

第二节　第一套人民币

第一套人民币是 1948 年 12 月 1 日由新成立的中国人民银行印制发行的法定货币。

随着解放战争的顺利进行，为适应形势的发展，急需一种统一的货币替代原来种类庞杂、折算不便的各解放区货币。为此，1948 年 12 月 1 日，在河北省石家庄市成立了中国人民银行，同日开始发行统一的人民币。当时任华北人民政府主席的董必武同志为该套人民币题写了中国人民银行行名。

第一套人民币发行后，原来流通在各解放区的地方币陆续停止发行，并按规定比价收回。在全部收回前，按一定比价照常流通。人民币对冀南银行币、北海银行币、华中银行币和中州农民银行币比价为 1∶100；人民币对晋察冀边区银行币、东北银行币、热河省银行币和长城银行币比价为 1∶1 000；人民币对西北农民银行币和陕甘宁边区商业流通券比价为 1∶2 000。

第一套人民币在图样题材上，选择工业、农业、商业、纺织、交通、运输、工厂和矿山等当时经济建设和新社会人们生活的图案，体现了第一套人民币的真实历史意义、地位及作用，生动展现出中国解放事业及建国初期人们的政治、生活、文化、社会百态，使人们领略到在共产党的领导下，全国各族人民齐心协力、艰苦奋斗、自力更生建设新中国的激情岁月。

第一套人民币自 1948 年 12 月 1 日开始发行，共 12 种面额 62 种版别，其中 1 元券 2 种、5 元券 4 种、10 元券 4 种、20 元券 7 种、50 元券 7 种、100 元券 10 种、200 元券 5 种、500 元券 6 种、1 000 元券 6 种、5 000 元券 5 种、10 000 元券 4 种、50 000 元券 2 种（1949 年发行的正面万寿山图景 100 元券和正面列车图景 50 元券各有两种版别）。第一套人民币票面全额为 176 552 元。1955 年 5 月 10 日停止流通。

第一套人民币尤以"十二珍品"价值更高：伍圆的"水牛图"，伍拾圆的"水车和矿车"，伍佰圆的"瞻德城"，壹仟圆的"马饮水图"、"帆船图"，伍仟圆的"牧羊图"、"蒙古包"、"渭河桥"；壹万圆的"骆驼队"、"牧马图"，伍万圆的"新华门"、"收割机"。其中，壹万圆的"牧马图"、伍仟圆的"蒙古包"、伍佰圆的"瞻德城"和壹万圆的"骆驼队"更是十二珍品中的"四大天王"，收藏市场上单张价值更是一年一个高价。

1 000 元（双马耕地狭长型）是第一套人民币中一枚狭长币，其规格为

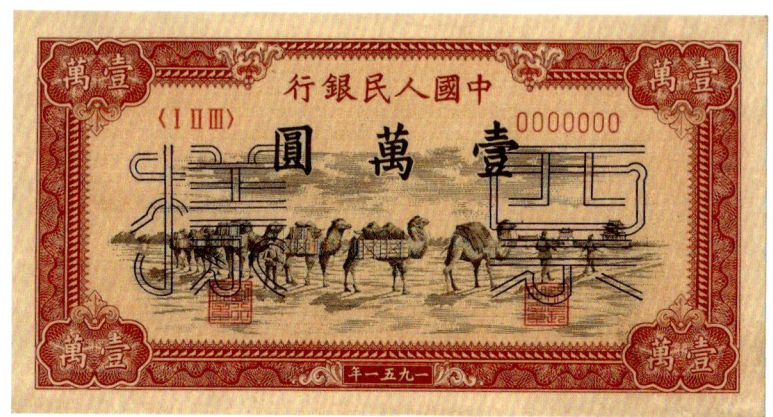

图 4-1 "骆驼队"

150 mm×62 mm。除 1 000 元狭长版外,第一套人民币票幅规格长宽比例都是 2∶1 左右,只有这版 1 000 元券票幅比例是 2∶0.8。按规定,所有的人民币在正背面都须标有"中国人民银行"字样,但只有佳木斯印刷出产的 1 000 元(双马耕地狭长型),背面没有"中国人民银行"字样。

图 4-2 "双马耕地"狭长版

5元（水牛）印有"光华印刷厂印制"手写体字样的币种。

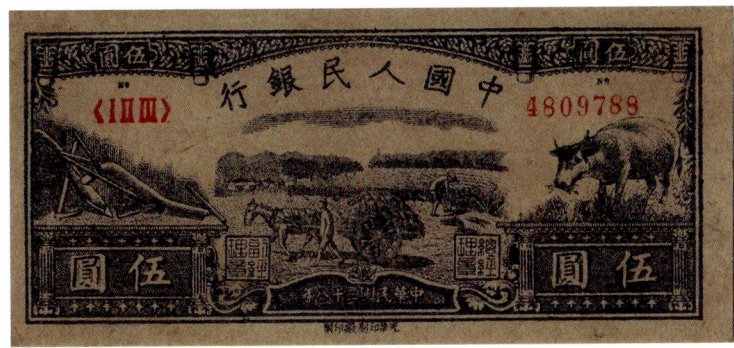

图4-3　印有"光华印刷厂印制"手写体字样的币种

500元（瞻德城）、1 000元（马饮水）、5 000元（牧羊）和10 000元（骆驼队）这四种人民币的背面印有维吾尔文"中国人民银行"字样。

图4-4　背面印有维吾尔文"中国人民银行"字样

5 000元（蒙古包）和 10 000元（牧马）这两种人民币的背面印有蒙古文"中国人民银行"字样。

图 4-5　背面印有蒙古文"中国人民银行"字样

5 000 元（渭河桥）是第一套人民币中一种从左向右书写行名、年号以及面额文字的版本。

图 4-6　从左向右书写行名、年号、面额

第三节　第二套人民币

由于解放前连续多年的通货膨胀遗留的影响没有完全消除，第一套人民币的面额较大（最大为 5 万元），而且单位价值较低，在流通和计算时，以万元为单位，不利于商品流通和经济发展，给人民生活带来很大不方便。此外，由于受当时物质条件和技术条件的限制，第一套人民币的纸张质量较差，券别种类繁多（62 种），文字说明单一，票面破损较严重。因此，发行新版人民币势在必行。

1955 年 2 月 21 日，国务院正式发布《关于发行第二套人民币和收回第一套人民币的命令》，规定收回折合比率为 1∶10 000，即第二套的 1 元等于第一套的 1 万元。因票面上印有"一九五三年"字样，故称"五三"版。

1955 年 3 月 1 日公布发行的第二套人民币，自 1955 年 3 月 1 日起至 1962 年 4 月 20 日止，第二套人民币共印刷发行了 11 种面值、15 种版别，分别是 1 分、2 分、5 分，1 角、2 角各 1 种，5 角 2 种（有水印、无水印），1 元券 2 种（红 1 元、黑 1 元），2 元券 1 种，3 元券 1 种，5 元券 3 种（1953 年苏三版、1956 年海鸥水印、1956 年五星水印），10 元券 1 种。

第二套人民币的设计由中央美术学院和中央工艺美术学院的专家罗工柳、周令钊、王式廓与印刷企业专业技术人员张作栋、王益九等共同完成的。印制发行

图 4-7　红 1 元与黑 1 元

工作,得到了周恩来、陈云等中央领导同志的极大关怀和高度重视。他们亲自审查了整个设计方案。在设计时,采纳了周总理提出的许多具体的、宝贵的修改意见,使第二套人民币设计主题思想明确,主辅币结构合理,图案颜色新颖。

第二套人民币主景图案内容体现了新中国社会主义建设的风貌,表现了中国共产党革命的战斗历程和各族人民大团结的主题思想。钞票式样打破了原有固定的四边框形式,采用了左右花纹对称的新规格;票面尺幅按面额大小分档次递增;整个图案线条鲜明、精密、美观、活泼,具有浓郁的民族风格。

第二套人民币在印制工艺上除了分币外,其他券别全部采用胶凹套印,其中角币为正面单凹印刷;1元、2元、3元和5元纸币采用正背面双凹印刷;10元纸币还采用了当时先进的接线印刷技术。

第二套人民币的凹印版是以中国传统的手工雕刻方法制作的,具有独特的民族风格,其优点是版纹深、墨层厚,有较好的防伪功能。因此,第二套人民币发行后立即得到了人民群众的欢迎,称赞这套人民币好看、好认、好算、好使。实践证明,第二套人民币成为新中国第一套完整、精致的货币,对健全中

图 4-8 两种版别的 5 元券

国货币制度，促进社会主义经济建设发挥了重要作用。

起初，第二套人民币中并没有设计 3 元这个独特的面额，在 2 元面额之上，原设计方案依次是 5 元、10 元、50 元、100 元。1952 年 10 月底，时任中央财经委主任的陈云同志针对盘踞台湾的国民党当局印刷和输入第一套大额假票的现状，向中央提出建议：取消 10 元、50 元、100 元三种面额，把第二套人民币

图 4-9 俗称"绿三元"的 3 元券

最大面额限制在 5 元；同时，针对取消大面额纸币可能造成的流通不便，建议仿照苏联卢布纸币的面额设计，增加一种 3 元面额。中央经研究同意他的意见。

1953 年 10 月，中苏两国正式签订合同，中国委托苏联印刷 3 元券 10 亿张、5 元券 5 亿张，后来又追加了一些订货，最终实际印刷 3 元券 10.309 5 亿张，5 元券 9.080 0 亿张。

3 元券纸币的设计是以淡绿色作为衬底色调，纸张面积相比同期的面额微微略大，其正面选取了井冈山龙源口石桥作为纸币的背景图案，而且图上清晰地印刷着"中国人民银行"六个大字。证明了 3 元券纸币曾经在国内流通过。

其流通时间较短的原因，主要是受到当时的经济环境制约，人们对收藏人民币的意识还是很薄弱，大部分已经被有能力的机构收藏，或者以装订成册赠送和银行回收的方式消耗了。

因此市场上存量很稀少，价值已经被炒高了 1 万多倍，3 元券纸币有极高的收藏价值和投资的升值空间。

第二套人民币发行流通后，各地对于流通中缺少大面额纸币造成不便的意见纷纷反馈到央行，并上报到政务院。根据周恩来等中央领导对此事的批示意见，中国驻苏联大使张闻天在 1954 年 9 月 30 日重新与苏联洽谈，希望恢复印刷 10 元券，1954 年 12 月 30 日，新设计的 10 元券正面"工农联盟"图稿通过了政务院的批准。

图 4-10　俗称"大黑拾"的"工农联盟"10 元券

1956 年 6 月 14 日，我国与苏联正式签订代印 10 元券的合同，首批订货 10 元券 2 亿张。1961 年 3 月 24 日，又追加订货 3 亿张。1962 年 6 月 30 日，合同执行完毕，5 亿张 10 元券全部运抵中国。

20 世纪 60 年代初，中苏关系恶化，为了预防苏联利用手中保存的人民币印版大量印刷纸币扰乱我国经济，1964年4月14日，中国人民银行发布了《关于收回三种人民币票券的通告》，决定从1964年4月15日开始限期收回苏联代印的1953年版的3元、5元和10元纸币，1964年5月15日停止收兑和流通使用。

第二套人民币纸币的流通时间约20年，1953年版，从1955年3月1日起发行，约在1964年开始银行只收不付；1956年版，约在1962年发行，在20世纪70年代回收。

第四节 第三套人民币

第三套人民币是中国人民银行于1962年4月20日开始发行的。与第二套人民币比价相等，并在市场上与之混合流通。这套人民币与第二套人民币相比，取消了3元纸币，增加了1角、2角、5角和1元四种金属币，保留了1分、2分、5分纸币。

纸币中"中国人民银行"六字由马文蔚先生书写。票面上两方印章分别为"行长之章"和"副行长章"。纸币背面印有用汉语拼音、蒙古文、维吾尔文、藏文以及壮文书写的"中国人民银行"字样。第三套人民币从1962年4月20日发行枣红色1角纸币起，到2000年7月1日停止流通，前后历时38年零2个月之多。

第三套人民币先后共发行7种面额、8种原版、9种票券。如果按冠号、印制工艺和钞纸的不同，至少可细分为24种。

为了实现全面自力更生，使人民币纸币完全国产化，并且出于不断更新换版、预防敌对势力伪造的考虑，从1955年就开始组织调查，制定方案。1959年1月23日，中国人民银行总行第一次向国务院上报关于更换新版人民币的请示，2月14日，又将新版人民币设计画稿的主题思想上报中央政治局各位领导审阅，周总理作了十分详细认真的批示，提出了很多意见。在中央美术学院和中央工艺美术学院专家罗工柳、王式廓、周令钊、侯一民、陈若菊、邓澍等主持下，组成由印制系统专业技术人员张作栋、石大振、贾鸿勋、刘延年、沈乃镕等参加的设计绘制小组。经过美术专家和印制专业技术人员的密切合作，反复修改，设计出了新方案。1959年6月6日，中国人民银行总行再次上报设计修改稿。

这期间，除10元券和5角券外，其他面额的票券设计方案均被批准并已陆续投入生产。10元券因正背面图案及水印内容没有确定，其方案经反复修改，直至1965年6月18日才被中央批准，故年号也改成了"1965"年；5角券因

1959年周总理审批设计稿时提出"角券中是否用一个轻工业"的意见,也一直没有定稿,至1972年7月24日才上报设计稿样,7月26日国务院批准。因此票面年号也改成了"1972"年。第三套人民币上的汉字行名仍沿用马文蔚的书体,但汉字面值改成了印刷宋体字。

图4-11　俗称"大团结"的"人民代表步出大会堂"10元券

图4-12　"纺织女工"5角券

根据国务院批准的设计图案,中国人民银行总行组织吴彭越、鞠文俊、林文艺、刘国栋、赵亚云、苏席华、王雪林、高增基、贾绪丰、张永信等著名雕刻师共同会战,充分发挥各自雕刻特长,手工雕刻与机器雕刻相结合,使第三套人民币的艺术性和防伪性更为突出,其代表性作品是吴彭越雕刻的5元券正面的炼钢工人和鞠文俊雕刻的1元券背面的天山放牧图。为高质量、高速度地印制第三套人民币,及时满足市场流通需要,印制系统的工程技术人员沈永斌、李根绪、刘正祥、柳溥庆、陈彭年、鲍振增等和有关单位技术人员通力合作,突破了印制设备的技术难关,同时造出了我国自己的水印钞票纸,如空心五角星、布币混合满版水印、国旗五角星满版水印和天安门固定水印,均由袁

图 4-13 "炼钢工人" 5 元券

荣广和郑新臣设计雕刻。从此结束了我国货币生产依赖外国的历史。

第三套人民币较第二套人民币有新的特点

一是主题思想鲜明。内容相互呼应，极富民族特色，象征文化教育新改革。1 元券正面为女拖拉机手图，象征农业为基础，背面的羊群象征发展畜牧业；2 元券正面为车床工人图，象征工业为主导；5 元券正面为炼钢工人图，象征工业以钢为纲；2、5 元券背面的石油矿井和露天煤矿象征发展能源工业；10 元券正面为"人民代表步出大会堂"图，象征人民参政议政，当家做主人，背面以红色牡丹花和彩带衬托天安门，象征伟大祖国的富强和团结。

二是进一步打破了边框式设计思想。辅币除最初设计的枣红色 1 角券仍保留了变形的底边框外，全部取消了边框，成为开放式构图。这样，在较小的票面上显得画面开阔、深远。

三是色彩丰富。第二套人民币由于印刷技术所限，基本上是单色的，这样的票面既不够美观，也不利于防伪。第三套人民币的票面除了有一个基本色调外，还采用了多色印刷技术，这就使得画面色调活泼、丰富，又提高了防伪性能。

四是增设了壮文，调整了四种少数民族文字的排序和印制位置。四种少数民族文字印制位置也根据票面图案布局进行了重新调整。

五是缩小了票幅。

六是画面设计和先进技术相结合。

第三套人民币中最珍稀的品种，分别是 1960 年版枣红色 1 角，以及 1962 年版深棕/江绿色 1 角（分"无水印券"和"空心五星水印券"两种版别）。

1960 年枣红 1 角：正背面双凹印刷，触摸正背面的花纹、银行名等有极强

图 4-14　1960 年枣红 1 角

烈的凸凹感。它的设计及规格延续了第二套纸币的风格,是第三套纸币中较特别的票券。

1962 年背绿 1 角:票正面单凹印刷,触摸字体花纹,有较强的凸凹感;有两种版别,一种在经理章的左上角草丛的两条草叶中间里有"人"字暗记,另一种在相应位置无"人"字暗记。其他相同暗记:票正面大门右侧第六与第七根栏杆

图 4-15　1962 年背绿 1 角

之间的上端有字母"A","A"下有一个"十"字,"A"的左上方有个字母"J"。

1962年背绿1角（有水印）：正面单凹印刷,触摸花纹、银行名等有较强烈的凸凹感。背绿冠号中的ⅠⅢⅣ（134）、ⅠⅢⅥ（136）这两组冠字,不论顺序,随意结合,都是背绿水印；ⅩⅢⅠ（031）这一组与上面有点不同,除ⅠⅢⅩ（130）和ⅠⅩⅢ（103）不是背绿水印,其他的不论顺序都是背绿水印。

背绿水印没有"人"字暗记,其他暗记与普通背绿差不多,但暗记"A"下面的暗记"十",这个位置的暗记在不同编号会有不同的变化。背绿水印通常会有一个以上星水印,或票边有几个半星水印,也会有一个星水印（或以上）及半星水印（或以上）的出现等。

图4-16　1962年背绿水印1角

除了上述几种被央行提前回收的珍稀1角纸币,第三套人民币中的1960年版2元纸币也是收藏价值较高的品种。2元纸币正面图案为"车床工人生产"图,因而得名"车工"券。按其纸张中水印形状的不同,分为"古代布币/空心五星水印"券（古币车工）和"国旗五星水印"券（五星车工）两种版别。

图4-17　"车工"2元券

第五节　第四套人民币

第四套人民币是筹划设计时间最长的一套人民币，从 1967 年 1 月总行提出设计第四套人民币的设想，到 1985 年 5 月定案，历时 18 年。

第四套人民币是中国人民银行为了适应经济发展的需要，进一步健全中国的货币制度，方便流通使用和交易核算，于 1987 年 4 月 27 日发行的一套货币。至 1997 年 4 月 1 日止，共发行 9 种面额、14 种票券。其中 1 角券 1 种，2 角券 1 种，5 角券 1 种，1 元券 3 种（1980、1990、1996），2 元券 2 种（1980、1990），5 元券 1 种；10 元券 1 种，50 元券 2 种（1980、1990），100 元券 2 种（1980、1990）。与第三套人民币相比，增加了 50、100 元大面额人民币。1992 年 8 月 20 日，发行了改版后的 1990 年版 50、100 元券，增加了安全线与无色荧光油墨印刷等防伪新技术。

2018 年 3 月 22 日，中国人民银行公告第 6 号文件，经国务院批准，中国人民银行决定自 2018 年 5 月 1 日起停止第四套人民币 100 元、50 元、10 元、5 元、2 元、1 元、2 角纸币和 1 角硬币在市场上流通。

2019 年 4 月 30 日，第四套人民币结束集中兑换。

第四套人民币在设计思想、风格和印制工艺上都有一定的创新和突破。这套人民币整套票券设计思想的共同主题是：全国各族人民在中国共产党的领导下，精神焕发，为建设社会主义现代化国家而努力奋斗。为了表现和强调这一主题，票面采用大幅人物头像为主景，这是国际上常用的手段，具有较好的防伪效果。100 元券采用四位领袖浮雕像，这不但是中国共产党始终坚持的马列主义毛泽东思想的形象表现，同时也记录和歌颂了党领导中国革命的光辉历史；50 元券正面主景是工人、农民、知识分子头像，体现了中国宪法规定的"中华人民共和国是工人阶级领导的、以工农联盟为基础的人民民主专政的社会主义国家"和"社会主义的建设事业必须依靠工人、农民和知识分子，团结一切可以团结的力量"的国体和政权性质；从 10 元券开始到 1 角券，正面主景都是中国有代表性的民族人物头像，每张票面两人，栩栩如生。这些民族人物头像是多民族国家的象征，不仅反映了中国各民族的大团结，而且反映了各族人民意气风发、斗志昂扬的主人翁精神。所有票券上面的人物绘画均出自侯一民之手。

除正面人物头像外，第四套人民币主币背面主景取材于中国的名山大川。100 元券为井冈山主峰，50 元券为黄河壶口瀑布，10 元券为珠穆朗玛峰，5 元

图 4-18　第四套人民币的 100 元券和 50 元券

券为长江巫峡，2 元券为南海南天一柱，1 元券为长城。这些主景与正面主景相呼应，共同强调主题。

第四套人民币票面的纹饰也全部采用富有民族特点的图案。辅币背面衬托主景国徽的是少数民族图案；50 元和 100 元背面衬托国徽的则是汉族古代纹饰。特别是 10 元到 1 元四张主币，正面衬托面额的纹饰更为生动：10 元券是"凤凰牡丹"；5 元券是"仙鹤松树"；2 元券是"绶鸟翠竹"；1 元券是"燕子桃花"。这些都是中国人民喜闻乐见的、象征吉祥喜庆的民间艺术图案，在造型上又采用了装饰性的表现手法，鲜明、活泼。其他纹饰也取材于各民族中的生活图案，生活气息浓烈。所有这些纹饰，与正背面主景表现的主题思想融为一体，表现出鲜明而独特的民族风格。

第四套人民币除了在图案和纹饰上作了精心设计外，在文字的采用及规范化、标准化上也作了认真调整。全套票券不仅继续采用蒙古、藏、维吾尔、壮四种少数民族文字，以方便少数民族地区人民的使用，而且在 1 元以上主币上增印了盲文符号，体现了党和政府对残疾人的关心。第四套人民币还吸收了国家对汉字整理和简化的成果，在票面上全部采用了规范化汉字，但字体仍沿用

图 4-19　第四套人民币的 10 元券和 5 元券

马文蔚先生的"张黑女"碑体。一是改繁体字为简体字。例如"中国人民银行"行名中的"国"和"银"两个字，六种主币面值的"圓"字，都分别改成了"圆"。二是改异体字为正体字。原来流通的人民币 2 元券、2 角券、2 分券的"贰"字中间的两横在上，即"贰"，现改成规范的正体字"贰"。三是改旧字形为新字形。原来流通的人民币辅币 1 角、2 角、5 角券的"角"字写成"角"，中间的一竖不出头，现根据文化部、文改会 1965 年联合颁布的印刷通用的汉字字形表，使用了新字形"角"，中间一竖出头。

　　第四套人民币在纸张上加强了防伪，纸张是印制钞票的主要材料。人民币钞票纸的主要成分是短棉绒，纸张光洁、坚韧、耐折、挺度好，并有一定的抗化学腐蚀性，可以在较长的时间内使用而不易损坏。第四套人民币除 3 种角币券没有水印外，主币均采用水印防伪。1 元到 5 元券采用方圆古钱四方连续水印钞票纸，由胡福庆设计。10 元到 100 元券采用固定人物头像水印钞票纸：10 元券为陕北农民头像，50 元券为炼钢工人头像，100 元券为毛泽东侧面浮雕像。人物头像水印与几何图案水印不同，它不仅要表现线条，而且要表现出明暗层次，因此在工艺技术上也要复杂得多，这也是中国钞票纸生产工艺的一大进步。

这些固定水印头像均由侯一民、邓澎设计绘制，参与水印图像雕刻的有郑新臣、胡福庆、骆富文、夏冠英等。

第四套人民币加强了油墨防伪。油墨是钞票印制中的主要构成成分之一，第四套人民币使用了多种防伪油墨，如无色荧光油墨、同色异谱油墨、磁性油墨等。

无色荧光油墨

一种本身无颜色，但在紫外光照射下能发出明亮荧光的油墨。如 1990 版 100 元、50 元券左右都有用此油墨印的阿拉伯数字和汉语拼音面值，在紫外光下发出黄色荧光，清晰可见。

同色异谱油墨

在太阳光或灯光下与一般油墨没有区别，但在紫外光下就会发亮或变成另外一种颜色。例如：1 元券正面中间部位平凸印的黄绿色的桃花树干；2 元券正面中间部位平凸印的土黄偏绿色的翠竹竹干；5 元券正面中间部位平凸印的橘红色花纹（即仙鹤的头顶、颈、翅膀）；10 元券正面中间部位平凸印的橘红色的凤凰；50 元券背面右上角衬托面值平凸印的橘红色花团，即"50"面值部位的橘红色；100 元券正面四领袖像左边橘红色的花纹等，都采用了同色异谱油墨。

图 4-20　无色荧光油墨在紫外光下的效果

磁性油墨

需要专门的仪器才能检测出来。第四套人民币各票券的号码,以及50元、100元券正面下边颜色较深的花边都采用这种油墨。

第四套人民币在制版和印刷工艺上主要采用手工雕刻凹版印刷、凹印接线技术、套印对印技术和平凸版接线技术等,大大提高了人民币的防伪功能。手工雕刻凹版印刷工艺一直是国际上通用的钞票防伪的重要手段,它的主要特点是墨层厚,手感强,难以复制。

人民币的主景图案都是手工雕刻凹版印刷,尤其是1990版50元、100元券,正背面主景及装饰花边、花球、面额文字等凹印部分版纹加深,使雕刻凹版印刷图案更具有立体感。由于第四套人民币各票面全部采用人物头像作主景,因此,对凹版雕刻工艺的要求也比前几套人民币要高得多,不同民族、不同年龄、性别、不同身份、不同服饰的人物,都要通过各种不同的刀法加以细致刻画和区别。这从各个票券的票面上可以看到,一幅幅雕刻凹版印刷的人物头像,线条清晰,刀法流畅,很好地体现了人物的精神风貌,每一幅头像都是一件精美的艺术品。凹印接线技术也是钞票的一种专用印制技术,其特点是色彩较为明显,颜色衔接自然过渡,无漏白、无错位,线条在高倍放大镜下观察成线状。套印、对印技术就是采用一些特殊的工艺,使钞票正背面图案一次印刷成形,使特定部位的图案正背面完全重合。例如:1元、2元、5元券正面左下角的小花束和背面的小花束完全是对应吻合的。平凸印接线技术是人民币采用的比较可靠的防伪技术,它的特点是一条完整的线上印几种不同的颜色时,不产生重叠、缺口现象。上述所有先进印刷工艺和新型印钞材料的采用,大大提高了第四套人民币的防伪性能,它标志着中国的印钞造币技术已达到了世界先进水平。

在钞票纸中埋入安全线,也是人民币防伪的主要措施。安全线是一种金属材质的细线,用仪器检测有磁性。1990版100元、50元券新增加了金属安全线,它是在造纸时加入的,埋在钞票纸中,而不是直接印在票面上。用肉眼迎光透视,即可看到安全线贯穿于票面右侧的钞票纸中。

安全线的使用,是第四套人民币中的亮点之一。早在第四套人民币发行初期,中国人民银行就已经初步具备了防伪安全线的生产能力。考虑到货币发行的可靠性,对市场实际应用安全线工艺尚未有完全的把握,轻易不敢在生产中正式使用。后来,由于社会上流通的高面额假币较多,中国人民银行这才痛下决心，改进第四套人民币高面额钞券的生产工艺（1990版50元、100元），正式启用防伪安全线，提高钞券的抗伪能力。在安全线使用的初期，确实保护了50元、100元这种高面额的钞券，假币辨别容易多了。

磁性标记、安全线等防伪措施，均是在第四套人民币上首次使用。

对于同一种面值来说，是按制版年份的不同来划分版别的，如1980版2元和1990版2元。实际上，这些版别不仅仅是年份的不同，更重要的是防伪措施上的不同，改年号只是代表在这一年银行对某种票券的防伪做过适当的调整而已。大家知道，人民币改版是有它的原因的，绝不可能只改一个年号，那样一点意义也没有。我们平时区分版别时习惯用年号来区别，只是为了方便记忆和区分而已。

下面说明一下第四套人民币相同面值的各个版别的真正区别。

1元：1980版为双面凹印；1990版为正面凹印，背面胶印；1996版为双面胶印。

2元：1980版为双面凹印；1990版为正面凹印，背面胶印。

50元：1990版比1980版多了安全线，正面还增加了荧光防伪。

100元：1990版比1980版多了安全线，正面还增加了荧光防伪。

第四套人民币在流通使用过程中，对油墨、纸张、号码进行研究细分出很多版别，大家比较认可的版别有：

1990年2元券"绿幽灵"

目前大家的对"绿幽灵"的认识基本集中在其漂亮的满版背绿荧光效果上。

经过一段时间的收集，有研究"绿幽灵"的人士有了新认识和发现。"绿幽灵"不仅仅是背绿荧光这么简单，也可以通过肉眼识别出来。从纸张、油墨以及印刷设备等因素来分析，其为试验钞的可能性很大。是版别的区别，而非荧光强弱的区别。

图4-21　满版背绿荧光效果

推测"绿幽灵"是第四版向第五版过渡中，中国人民银行小范围对某种防伪措施的探索，后来因为其他原因，放弃生产，流出来少量，只有 8 个冠号存在"绿幽灵"，而 8 个冠号中也只有一小部分是绿幽灵，其他不是。

"绿幽灵"的产地都在上海印钞厂。"绿幽灵" 8 个冠号被收藏者昵称为福娃（FW）、希望（HP）、英雄（HR）、富有（FY）、吉祥（JX）、资金（ZJ）、拍档（PD）、跑车（PC）。

通过分析对比，"绿幽灵"的量是极少的。

首先，"绿幽灵"纸张在荧光测试下和别的普通钞比较，显示别的颜色就基本能确定纸张不一样了；其次，FW 刚好是中文"防伪"的缩写，也就是"绿幽灵"的初始冠号，是否是巧合呢？再据有关银行朋友介绍，它应该是从四版到五版的荧光暗记测试，是测试纸张对荧墨的反应和熟练工人对这种技术的掌握。

902 绿幽灵冠号：

一、FW00 FW01 FW13 FW21 FW30 FW31 FW36 FW37 FW48 FW49 FW52 FW98

二、FY04 FY06 FY13 FY17 FY21 FY38 FY74 FY77 FY81 FY82

三、HP25 HP51 HP53 HP57 HP58 HP59 HP60 HP63 HP74 HP75 HP76 HP77 HP80 HP83 HP92 HP93

四、HR18 HR22 HR45 HR48 HR49 HR52 HR54 HR55 HR62 HR64 HR67 HR75 HR83 HR85 HR93 HR95

五、PA9082 PA9201 PA9297 PA9579 PA9597 PA8540

六、PC05 PC07 PC08 PC13 PC15 PC18 PC19 PC20 PC21 PC22 PC37

七、PD01 PD03 PD04 PD08 PD09 PD17 PD19 PD37 PD50 PD53 PD57 PD60 PD71 PD72 PD75 PD76 PD79

八、JX109 JX112 JX136 JX137 JX146 JX147 JX156 JX157 JX158 JX180 JX181 JX182 JX183 JX192 JX193 JX194 JX195

九、ZJ0165 ZJ0184 ZJ0283 ZJ0309 ZJ0313 ZJ0315 ZJ0494 ZJ0481 ZJ0487 ZJ0493 ZJ0500 ZJ0515 ZJ0559 ZJ0560 ZJ0564 ZJ0569 ZJ0571 ZJ0576 ZJ0590 ZJ0592 ZJ0595 ZJ0598 ZJ0601 ZJ0604 ZJ0608 ZJ0619 ZJ0622 ZJ0623 ZJ0631 ZJ0634 ZJ0645 ZJ0653 ZJ0657 ZJ0669

十、DT95 DT96 DT97 DT98 DT99

1980 年 1 元券天蓝冠

第四套人民币 1980 版 1 元纸币共发行了 159 个冠号，这些冠号从颜色上可分为 4 种：

（1）天蓝冠。特征："801"最早发行的冠号颜色鲜亮，犹如雨后的蓝天，又像湛蓝的大海，看上去非常舒服、非常漂亮，与其他冠号有明显区别，很容易识别。天蓝冠只有 3 个半冠号：CP、CQ、CR 和 04 开头以下的小号 CS，其补号是流水号 025 以下的 JZ。

图4-22 1980年1元券天蓝冠

(2) 蓝冠。特征：颜色介于天蓝与深蓝之间，光线稍暗就会与深蓝色冠号分不清楚。冠号有：AU、AW、AX、AY、BZ、CX、DP、EW、GY、GZ、IP、IQ、IR、IS、IT、RJ 等十余个，其补号是 JU。

(3) 深蓝色冠号。数量最多，不一一列举。

(4) 黑蓝色冠号。数量较多，不一一列举。

因为"801"深蓝冠和蓝黑冠区别很小，很难分辨，因此也有不少朋友将深蓝冠和蓝黑冠看作是一个品种。在上述品种中，尤以天蓝冠最为漂亮。

据印钞总厂厂志的记载，"801"天蓝冠由上海造币厂印制。这也是最先印制的"801"券，时间段为1987—1988年，所采用的是瑞士进口的油墨颜料。而率先印制的CP、CQ、CR 三冠的印制时间全部集中在1987年5月—11月，这段时间只有进口油墨颜料的使用，因此我们有足够充分的理由推断CP、CQ、CR 这三冠采用的就是进口颜料。这也是天蓝冠的特殊所在。

1980年50元券天蓝冠

1980年50元券一共有24个冠号，分别是：CP、CQ、CR、CS、CT、CU、CW、CX、CY、CZ、EP、EQ、ER、ES、ET、EU、EW、EX、EY、EZ、GP、GQ、GR、JZ（补号）。

相关资料显示：1986年开始1980版50元券开始印制，1989年7月17日中国人民银行总行通知，将1980版50元券正面凹印磁性油墨改为普通油墨，冠字号码由普通油墨改为磁性油墨，票面图案不变。未改变油墨的冠号为CP、CQ、CR、CS、CT、CU、CW、JZ（补号）和CW冠字的00000001~43700000，这些没有改变油墨的冠号（CP、CQ、CR、CS、CT、CU、CW、JZ 和CW冠字的00000001~43700000）就是天蓝冠。

图 4-23　1980 年 50 元券天蓝冠

第六节　纪念钞

纪念钞是为了纪念重大事件而特别发行的钞票。既可以作为法定货币流通，也可以用来收藏留念。由于其具有纪念意义且发行量小，所以有着很大的收藏价值和升值潜力。以下按发行时间先后作介绍。

庆祝中华人民共和国成立 50 周年

规　　格：165 mm × 80 mm
材　　质：纸
发 行 量：6 000 万张，其中有三连体钞
发行日期：1999 年 9 月 20 日
发行机构：中国人民银行
正　　面：开国大典
背　　面：(左) 太和殿前的铜狮，(中) 和平鸽，(右) 华表
面　　值：50 元

迎接新世纪

规　　格：165 mm×80 mm
材　　质：塑料
发 行 量：1 000万张，其中有双连体钞（发行量10万张）
发行日期：2000年11月28日
发行机构：中国人民银行
正　　面：北海九龙壁上的升龙
背　　面：中华世纪坛，敦煌壁画"飞天"
面　　值：100元

第29届奥林匹克运动会纪念

规　　格：148.5 mm×72 mm
材　　质：纸
发 行 量：600万张
发行日期：2008年7月8日
发行机构：中国人民银行
正　　面：国家体育馆，背景为天坛
背　　面：（左）掷铁饼者，（中）奥运会运动员
面　　值：10元

中国航天纪念

规　　格：155 mm×77 mm
材　　质：纸
发 行 量：3 亿张
发行日期：2015 年 11 月 26 日
发行机构：中国人民银行
中国航天纪念钞主色调为蓝色。
正　　面：（左）东方红一号卫星，（中）神舟九号飞船与天宫一号交会对接，（右）嫦娥一号卫星
背　　面：（由上至下）嫦娥一号卫星、2020 年中国空间站"天宫"、喷气式客机、冯如 2 号双翼螺旋桨飞机、飞禽海东青
面　　值：100 元

人民币发行七十周年纪念

规　　格：150 mm×70 mm
材　　质：纸
发 行 量：1.2 亿张
发行日期：2018 年 12 月 28 日
发行机构：中国人民银行
人民币发行 70 周年纪念钞主色调为金黄色。
正　　面：树木年轮与第一套至第五套人民币代表性局部图案
背　　面：中国人民银行大楼，辅以牡丹花、中国人民银行旧址、第一套人民币发行布告及城市建筑剪影图案
面　　值：50 元

第七节 连体钞

连体钞，即多张连在一起未裁切的纸币。是供收藏、鉴赏的纸币。连体钞均为限量装帧并溢价发行，收藏价值和投资价值极高。

连体钞的发行与人民币发行一样，需要经中国人民银行批准授权。

编号	名称	发行量	面值
1	第二套 1、2、5 分币八连体钞	100 万	0.64 元
2	第四套 1、2、5 角四连体钞	40 万	3.2 元
3	第四套 1 元四连体钞	40 万	12 元
4	第四套 2、5 元四连体钞	40 万	36 元
5	第四套 10 元四连体钞	40 万	40 元
6	第四套 1980 版 50 元四连体钞	20 万	200 元
7	第四套 1990 版 50 元四连体钞	20 万	200 元
8	第四套 1980 版 100 元四连体钞	20 万	400 元
9	第四套 1990 版 100 元四连体钞	20 万	400 元
10	第四套康银阁四连体大全套	10 万	1 291.2 元
11	第四套长城四连体小全套	25 万	675.2 元
12	第四套 1 角到 10 元四连体钞	20 万	75.2 元
13	第四套 1 角到 10 元八连体钞	10 万	150.4 元
14	第四套人民币整版连体钞	1 万	722.5 元
15	第五套人民币 100 元三连体钞	20 万	300 元
16	中华人民共和国成立 50 周年 50 元三连体纪念钞	5 万	150 元
17	千禧龙年 100 元双连体纪念钞	10 万	200 元

中华人民共和国成立50周年50元三连体纪念钞

发行于1999年，发行量5万册，面值150元。面市之初约650元。此品种是我国发行的第一套连体钞，也是第一套纪念钞连体钞，意义非凡。单套礼品消耗及配礼品册消耗都非常厉害，加之发行最早，收藏市场上别说100套连号，就是10套连号也难找到。

第五套人民币 100 元三连体钞

发行于 1999 年,发行量 20 万册,面值 300 元。于 2000 年由康银阁钱币公司装帧发行,所以称为 2000 世纪龙卡,面市之初约 450 元。此品种发行时间较早,加之第五套 100 元券面是毛泽东头像和红色底衬,吉祥喜庆,连体形式很受人喜欢,单套消耗和配礼品册消耗极多,市场十分难觅,属自然消耗增值品

种。其他除港澳台的连体钞，都是第四套纸币的连体钞，而 100 元三连体是第五套人民币唯一的一套连体钞品种，极具收藏意义。

1990 版 50 元四连体钞

发行于 2000 年，发行量 20 万册，面值 200 元。发行之初市价约 240 元，当时连体钞很少人认识，压货的人更是少，此品种因发行时间相对较早，消耗厉害，要找 100 套连号码是件很困难的事。另因 1980 版 50 元四连体走势强劲，后市看涨。

10 元四连体钞

发行于 2000 年，发行量 40 万册，面值 40 元。发行之初曾低至 60 多元。此品种礼品消耗十分多，另因康银阁四连大全走俏，现民间组装的康银阁四连册要用上它。令它成了类似三版纸币中的"车工"，一路攀升。

1 元四连体钞

发行于 2000 年，发行量 40 万套，面值 12 元，含 1980、1990、1996 版四连体钞各 1 张。面市之初曾低至 35 元左右，之后不断消化沉淀，至今已是 500 多元的价。此套钞属礼品消耗良好的品种，第四版单张 1 元纸币涨幅厉害，鉴于连体钞具有"新、奇、特、量少"的特点，相对价格仍属偏低。

1、2、5 分币八连体钞

发行于 2000 年，发行量 100 万套，面值 0.64 元。面市之初曾低至 14.5 元。在 2000 年钱币博览会前后上涨至 25 元左右，后回调至 17 元。2012 年央行宣布纸分币退出流通时仅 30 多元，而今是 400 多元的价。此套钞发行得早，礼品消耗巨大。裁切成二连、四连消耗都非常厉害，另单张的分币成交较旺，由于它是唯一的一套分币八连体钞，且还可以说是第二套纸币的连体钞，地位特殊，后市投资与收藏前景广阔。

千禧龙年 100 元双连体钞

发行于 2000 年，发行量 10 万册，面值 200 元。面市之初市价约 500 元，此品种发行较早，属礼品消耗厉害品种，2012 年就有人配《中国龙票》礼品册

子一次就买了 1 000 套。龙钞双连是中国第一套塑料连体钞,中国人是龙的传人,龙是中国的象征,加之 21 世纪很多人都说是中国人的世纪。中国人喜欢,属龙的更加喜欢。后市看涨。

2 元、5 元四连体钞

发行于 2001 年,发行量 40 万套,面值 36 元。面市之初曾低至 60 多元。此品种除正常礼品消耗外,成交非常好。2013 年来四版币的 1980 版 2 元、1990 版 2 元及 5 元纸币成交火爆,鉴于连体钞具有"新、奇、特、量少"的特点,其进一步走强可能性较大。建议关注。

第四套 1 角至 10 元四连体钞(长城版)

发行于 2001 年,发行量 20 万套,面值 75.2 元。面市之初 180 元左右。此品种发行较早,礼品消耗和配册消耗都非常多,属自然消耗的品种,现市场的货已经很少,看涨。

第四套 1 角至 10 元八连体钞(长城版)

发行于 2001 年,发行量 10 万套,面值 150.4 元。面市之初 300 多元。此品种属第四套连体钞中的精品,它是人民币连体钞中唯一的八连体钞,发行较早,礼品消耗和裁切配册都非常多,现市场之货已很少见,属自然消耗非常好的品种,看涨。

第四套人民币整版钞

俗称钞王,发行于 2001 年,发行量 1 万套,面值 722.5 元。面市之初仅 2 000 多元。此品种是第四套人民币的龙头,也是发行量最少的连体钞之一。是人民币连体钞中唯一的整版钞,俗称人民币"炮筒"或人民币"大版"。发行时间较早,礼品消耗和裁切都非常厉害,现市场的货源寥寥无几,基本上只要一露面,价格稍低于市价就有人买走。加上第四版人民币要退出流通的预期,此品种后市看涨。

第四套人民币四连体大全套

俗称康银阁四连大全套，发行于 2002 年，发行量 10 万册，面值 1 291.2 元。面市之初 1 700 元左右。此品种最大特点是齐全，集齐第四套人民币发行的所有券别，包括 1、2、5 角各 1 张，1 元券 3 张（1980、1990、1996 版）；2 元券 2 张（1980、1990 版）；5 角券 1 张；10 元券 1 张；1990 版、1980 版 50 元各一张；1990 版、1980 版 100 元各一张，且相应的单张号码相同。所有券别后四位号码相同，并与证书的后四位号码相对应。礼品消耗巨大，市场现存货源稀少，别说 10 本连号码，就是一下子在北京或上海钱币市场找 10 本现货也不容易，自然消耗沉淀的品种，无货源冲击，加之第四套人民币即将退出流通的市场预期，后市看涨。

第四套人民币四连体小全套（长城版）

第四套人民币四连体小全套（长城版）发行于 2002 年，发行量 25 万册，面值 675.2 元。面市之初约 1 050 元。

此品种集齐第四套人民币各种券别的四连体钞一张，俗称四连体小全套，它的走势应该是跟着康银阁四连体钞大全，而其价格还不及康银阁四连体大全的 1/3，估计以后大概率会价值回归，其合理价格应是康银阁四连大全的一半左右，后市看涨。

1980 版 100 元四连体钞

发行于 2002 年，发行量 20 万张，面值 400 元。发行之初市价约 430 元。当时连体钞很少人认识，压货的人非常少。

此品种属发行较早的品种，加之外包装为红色，另有龙马精神的字样，礼品消耗非常厉害，市场很难找到 100 套连号的，另因组装康银阁四连大全的需要以及 1980 版 50 元四连钞强劲走势的带动，后市看涨。

第四套 1、2、5 角纸币四连体钞

发行于 2002 年，发行量 40 万套，面值 3.2 元。面市时约 30 元。

因分币八连体的增值效应，当时大多数人看好不出货。最低曾跌至 21 元，之后一路上涨，至今已是 400 多元的价。此套钞价格低，礼品消耗好，但其价格相对而言属偏低。

1990 版 100 元连体钞

发行于 2004 年，发行量 20 万张，面值 400 元。发行之初市价约为 430 元。此品种属礼品消耗厉害品种，当时因 1980 版 100 元四连价格已较贵，故 100 元四连的礼品消耗就集中在此品种上。当时连体钞的价值很少有人认同，压货之人更少，现市场很难找到 100 套连号的货，另因 1980 版 100 元四连强劲走势的带动，后市看涨。

1980 版 50 元连体钞

发行于 2006 年，发行量 20 万张，面值 200 元。发行之初市价约 280 元。发行之初，由于 1980 年 50 元单张纸币就已经达到一个较高的价位，而四连体是新品种，还不被看好，有大量"8050"四连体被裁切成单张，因此本身发行量不大的四连体，又被消耗了一大部分。

此品种属精品中的精品。实际上开始发行时有些人已看好，只是觉得当时康银阁才放了 5 万的量，等以后 15 万的量全放出来才建仓。但是，好东西就是好东西，有些精明的人就提前建仓了。而不少人是在货源明朗后，800~900 元才开始买入。之后 1 400~1 800 元也有很多成交。

连体钞因其"新、奇、特、量少"的特点，越来越受到人们的喜爱，且礼品消耗各品种都非常多。另因其都是国家银行发行的钞票，很直观，防伪性、权威性最高，且易保管，因此很多人放心投资。连体钞版块成了目前钱币市场成交最活跃、最强势的版块之一。

从 1999 年发行首张连体钞到现在已经 20 多年了，作为收藏历史长河中的一点，连体钞还只是一个新生领域，但它却是成长性极好的新生领域。因为，它荟萃了以往收藏类品种的优点，给人爱不释手的感觉。而它稀少的发行量使之日后增值的可能性大增。因此，有很多人开始投资连体钞。

当然，收藏关键是藏，要有一种平常心，不一定买就能立刻暴涨，这个也不现实。无心插柳柳成荫，连体钞就是这种不经意间给人惊喜的品种。长期持有，才知它的价值，才知收藏它的乐趣。

第二章 人民币纸币收藏与投资

第一节 人民币纸币收藏与投资

"乱世黄金，盛世收藏"，随着我国经济的飞速发展和人民生活水平日益提高，人们越来越重视投资理财领域的发展。从股票、期货、房地产开始，又逐渐转向艺术品。如何正确选择一种风险小、升值快的收藏品，是每一个投资者、收藏家最为关心的问题。人民币纸币作为一种收藏品，具有便于保存、携带，变现容易等特点，既可以增长知识，陶冶情操，又可以增值、保值，越来越受收藏者的喜爱。

我们如何去收藏人民币纸币呢？首先，收藏纸币的时候，先看存世量。钱币收藏市场的一条亘古不变的原则就是"量少为王"，因此，可以收藏存世量少的品种。其次，收藏纸币要看品相。品相是纸币的"生命线"，品相越好，纸币的收藏价值越高。接着，要看纸币的真伪。市面上难免会有一些假币以假乱真，因此，在收藏纸币的时候应该辨别真伪。然后，看纸币的发行时间。一般发行时间越久的，其市场价格也会越高。还有，看纸币的发行意义。一枚纸币要去收藏，你需要考虑这枚纸币有什么亮点，是什么值得你去收藏。亮点越多的纸币，其收藏意义越大，收藏价值也越高。收藏之前要关注市场行情，以最合适的价格收藏，切勿急躁。

新中国纸币收藏经过70多年的发展，才发展成为今天拥有稳定而广泛收藏群体的成熟收藏品。其所具有的历史研究价值，远高于其他收藏品；它的制造工艺技术是艺术与高科技的结合，也是其他收藏品很难比拟的。新中国纸币的收藏目前处于理性稳定发展当中，每年有大量的收藏者加入。

 纸币收藏门槛相对于其他藏品要低一些，属于大众藏品。尤其近几年，纸币收藏极为热门。那么收藏纸币有没有窍门呢？

首先，选择纸币藏品进行收藏，要挑选一个门类。纸币分古代和现代，藏家需要根据个人爱好和资金实力来挑选品种。古代纸币由于年代比较久远，遵循物以稀为贵的价值原则，这些纸币的价值自然要高一些，适合闲置资金比较充裕的朋友进入；而现代纸币的价值相对来说要低一些，市场价格也比较便宜一些，适合小额投入（工薪族等收入不是很高的朋友）。

其次，挑选纸币收藏主题。要有方向有侧重的收藏，力戒一步到位、盲目求全。当您的钱币收藏知识和实践经验多了以后，可以找一个专题作为收藏的着力点，优先选择，重点收藏。

最后，注重同行交流。闭门收藏的做法不可取，我们需要多跟藏友交流，取长补短，互相学习。千万不要忌讳别人说反对意见，不管他人的意见和观点是不是和自己的一致，总是有值得学习的地方的。这样的话就容易结交到真正志同道合的朋友，一起交流经验。

纸币收藏初学者的四忌应该注意

钱币收藏需要较长时间的历练。初学者最应该注意以下四忌：

一忌不懂装懂，一知半解。了解掌握一定的钱币知识是纸币收藏者的必修课和基本功。俗话说隔行如隔山，如果你对纸币常识一知半解或道听途说，就犹如盲人摸象，在收藏过程中就会常交"学费"，上当受骗花冤枉钱。这就需要收藏者不断学习有关纸币知识，提高钱币鉴赏能力。这些经验的获得，一是向书本学，购买有关钱币方面的图书资料；二是在实践中学，多接触纸币实物，细心揣摩，进行分析比较；三是要向专家请教；四是经常与藏友交流，互相切磋，共同提高。

二忌头脑发热，感情冲动。纸币市场的暴利时代已经过去，企盼自己的藏品快速升值，一夜暴富是一种不切实际的奢望。纸币收藏者要有平常心，把趋利性收藏转到观赏、把玩、研究、交流上来，提高钱币收藏的品位，养成宁静、淡泊的操守，感悟收藏真谛。古人云收藏的益处：一是可以养性悦心，陶冶性情；二是可以广见博览，增长知识；三是祛病延年，怡生安寿。

三忌随心所欲，见啥买啥。纸币收藏要有目标，有计划。人民币纸币品种极多，要根据自己的财力和爱好，有选择地加以收藏，最好是少而精、成系列收藏。

四忌受挫后偃旗息鼓。纸币市场充满诱惑和风险。首先是买到假币赝品的风险。初涉收藏者买入假币赝品不足为奇，就连专家也有看走眼的时候。特别是价格昂贵的珍稀纸币赝品更是防不胜防。其次是价格风险。不要"一朝被蛇咬，十年怕井绳"，而是要加强学习，认真汲取经验教训，总结摸索纸币市场的运作规律，趋利避害，做一名成熟、理性的投资者。

哪些纸币最有收藏潜力

有收藏价值的纸币很多，退出流通的纸币都具备收藏价值。但是，对于收藏爱好者来说，最希望的是能够做到收藏价值和投资价值的统一，以藏养藏是每个收藏爱好者追求的目标。

如果从收藏意义上来说，第一套人民币和第二套人民币存世量稀少，最具收藏意义，但高昂的价格已经远离普通爱好者。另外从投资的角度来看，其回报率已经处于较稳定的阶段，属于纸币中的高端收藏。

纸币收藏和字画、瓷器等古董类的收藏还是有区别的。古董类的收藏是以时间换价值，藏品主要是在收藏爱好者之间交换流通。纸币，特别是人民币系列的收藏品除了这种属性之外，其最大区别和特色是礼品消耗。当下众多的纸币经营商都在不断地开发各种组合，不同档次价位的纸币，包装成册，使纸币形成投资收藏和礼品消耗双线发展的独特现象。所以，纸币的收藏投资除了重点关注比较稀少的品种之外，消耗大的品种也有很大的收藏投资潜力。比如三版人民币中的2元"车工"，虽然存世量并不算少，多年来价格却持续上涨，最大的原因就是配礼品册造成了大量的消耗，因为三版币中无论哪种规格的册子，都离不开2元币。四版人民币中一些量少品种比如1980版50元、1980版100元、1980版1元、1980版2元，也具有很好的收藏投资潜力。纸币收藏还有一个系列有非常好的潜力，就是连体钞。从1999年我国发行第一套连体钞至今，不过短短20多年的时间，至今已经形成了一个系列，从整版钞、八连体、四连体、三连体，到两连体。对于连体钞系列来说，由于发行量较小，我国又是14亿人口大国，随着时间的推移，应该都是精品。

特殊号码的纸币应该如何收藏

爱好收藏纸币的人，一般都注意搜寻那些发行年代早、流通时间短或存世量少的珍稀品种，又同时注意收集那些号码比较奇特的纸币，为收藏增添了一定的乐趣，且一些特殊号码纸币由于备受收藏界青睐和追捧，身价大增。特殊号码纸币，其珍稀程度、收藏鉴赏价值乃至增值潜力往往与珍品相媲美。关注的人也越来越多，渐成群体，趣味收藏因而产生。

特殊号码的界定。其实，每一张纸币都有它自身的特殊性，那就是号码唯一，正常情况下没有任何两张或两张以上的纸币具有相同的号码。所谓特殊号码实际是人们凭自己的喜好和公众认可程度较高的一些字冠和数字组合，其特殊性多主要体现在号码组合上。以人民币来说，除了后期发行的壹分、贰分、伍分纸币不编号外，其他的纸币没有一张是不编号的。一二三四五版纸币、外汇券、国库券的号码都在六至八位数之间，一二三版罗马字冠（有二字和三字之分）七位数居多，四五版以二位英文字冠八位数为主，外汇券1979版为两位英文字冠六位数，1988版为两位英文字冠八位数。

　　特殊号码的范围。任何一款纸币，如果备受人们喜爱，就可能属于特殊号码。纸币每个编号组的第一个号、最后一个号、八位数相同、左右对称号以及其他特殊号码的纸币，都是较为难得的品种。比较受藏友们认可的主要是以下几种：①小号或大号，小号的更受关注。人民币纸币其编号多是七位或八位数，在数字的排列上就会出现一些非常有趣的现象。如00000001，就是第一张。②全同号。如6666666、8888888，依此类推，以一千万或一亿张发行统计，出现七、八位数同号的纸币只可能有九张，其珍稀程度可想而知。③顺序号。如某纸币的号码是1234567或7654321及类似的特殊排列。④雷达号。如3445443、1234321等。⑤多重尾号。三个尾号相同叫豹子号，四个尾号相同叫狮子号，五个尾号相同叫老虎号，六个尾号相同叫大象号，七个尾号相同叫恐龙号，八个尾号相同叫麒麟号。⑥重叠号。如12121212、12341234、22334455等。⑦乱蛇号。顺序号的另一种玩法，123456789这种号码毕竟屈指可数，可遇不可求，所以把这9个数字打乱的号码，也算作一种"玩法"，称其为乱蛇，而且不能跳数字。举个例子：一张"70钞"的冠号为J016438572，数字0～8都在，只不过顺序乱了，这就是乱蛇。以上是主要的特殊号码类型，由此衍生的还有，如188881可能取名多重对称号，又如5678765应该称顺序对称号，更有像66668888等类似的吉祥号。

　　特殊号码纸币的收藏价值。毫无疑问，特殊号码纸币具有极高的收藏价值。一是它具有普通纸币所共有的收藏属性；二是具有独特的稀缺性；三是别具一格的趣味性。但由于类型不同，发现的概率和存世量的差异，各类特殊号纸币的收藏价值也会不同，甚至差异很大。按收藏者喜好和市场表现，收藏价值最高的是全同号，尤其是5、6、7、8这类的全同号。其他特殊号纸币收藏价值依次是顺序号、小号、雷达号、多重尾号、重叠号、乱蛇号等。

　　收藏特殊号码纸币应注意的问题。①要抵制假冒。由于特殊号码纸币的特殊性和利益驱动，经常有改号出现，这是伪造、变造人民币行为，是触犯法律的行为，必须坚决打击和抵制，净化市场环境。②要物有所值，不可以跟风。

特殊号码纸币，有他的特殊性和增值功能，大家喜欢、追捧、理所当然，无可厚非。但切记要物有所值，否则可能花大价钱买了不值钱的藏品，那就会成为终身藏品了，想卖的时候，还没有买入的价格高呢。③品相要好。任何一张纸币，如果品相不好，先自贬值大半，即使号码再好，也不会有什么人气。④应该考虑所买号码收集的难易程度。拿多重尾号来说，一般说豹子号、狮子号相对还比较常见，市场溢价在30%~50%（888、8888溢价100%~200%），5重以上根据号码的不同，溢价更高。全同号就大不一样了，收集难度大，价格自然高很多，甚至是市价的几十倍、几百倍。⑤要考虑所买纸币本身是否属于稀缺品种。同样的全同号或顺序号、对称号，发生在不同版别，价值也会有很大差异。四五版的趣味号码得来相对容易，而一二三版纸币、外汇券、国库券的趣味号码找起来就困难得多。⑥面值因素。一般说，同样的趣味号码，面值大的应该比面值小的溢价高些。⑦可靠性因素。单枚特殊号可靠性较低，相比之下价值也会低些，趣味号码在连号、整刀中价值会更高一些，因为其可信度大大提高了。⑧要多学习和掌握钱币方面的知识，包括了解发行资料。这是避免买假最奏效的办法。

各套人民币纸币的收藏特点

在人民币收藏中，第一套人民币屡创拍卖天价，除了全套足足60张的整体收藏难度较大之外，更重要的是其中包含一张人民币收藏之最，号称"史上最牛人民币"的第一套人民币壹万圆牧马图。

"史上最牛人民币"——壹万圆牧马图正面主色为紫色，票幅140×75 mm，冠字只有三罗"ⅠⅡⅢ"一种。主图案描绘一位蒙古牧民，手执修长的"套马杆子"，在一马平川的草原上牧马。天空辽阔，牧草丰美，近景处以头马为首的数匹骏马神态悠闲缓步前行，远景处成群的马儿或吃草，或休憩；牧马人、马与自然构成一幅和谐的美丽图画。背面主色为茶色，绘有蒙文行名并刊印面值（主要在内蒙古地区发行）。"壹万圆牧马图"之所以称为"史上最牛人民币"，不仅由于其设计精美，更重要的是其珍稀程度无可比拟。"壹万圆牧马图"发行于1951年5月17日，时值解放战争结束不久，流通市场物资匮乏，又是在偏远地区发行的货币，因此发行规模很有限。短短三年零十一个月之后，这张纸币就停止流通了，使得总体发行量少之又少。

另外，新中国成立初期，纸币技术水平低下，尤其造纸工艺欠缺，导致当时的货币极易磨损破坏，以前人们也没有收藏意识，绝大多数"壹万圆牧马图"已经被损耗掉了。种种原因综合起来，造成第一套人民币"壹万圆牧马图"存世量以两位数计，而其中品相在九品以上的甚至不超过五张，这意味着高品相的第一套人民币大全套至多不会超过五套！

第二套人民币是1955年3月1日开始发行的，目的是治理解放前遗留的通货膨胀问题，后期由于和苏联关系恶化，（部分纸币先前由苏联帮助印刷，著名的有"大黑拾"、"伍元"、"叁元"）于1964年5月15日完全退出流通，结束了由外国给新中国印刷纸币的历史，这套币发行八年，工农业生产迅速恢复和发展，商品经济日益活跃，维护了新中国的经济安全。

第二套人民币大全套共发行了11种面值、15种版别：1分、2分、5分、1角、2角各1种，5角2种（有水印、无水印），1元2种（红1元、黑1元）、2元1种、3元1种、5元3种（1953苏三版、1956年海鸥水印、1956年五星水印）、10元1种。发行期间，新中国经历众多波折、坎坷，众多人经历工资只有几元，甚至1角钱可以管饱一天饭的时代，流通量甚少，"苏三珍"之价格飞涨（10元、5元、3元）特别是10元券，俗称"大黑拾"品相好的价值20多万元，俗话说"物以稀为贵"，在这里得以演绎。

第三套人民币从1962年4月开始正式发行，直到2000年7月才逐渐从老百姓的生活中淡出，在市场上共流通了38年，是五套人民币中流通时间最长的，也是我国首次完全独立设计、印制的一套钱币，记载了一段特殊而宝贵的历史。

共和国第一代造币人、北京印钞厂原政策研究室副主任、北京钱币学会常务理事、收藏天下网分析师、77岁高龄的张忠老先生结合自己40多年的工作经验介绍说，收藏人民币就是珍藏一段历史。

张老先生说，第三套人民币有1元、2元、5元、10元四种主币和1角、2角、5角三种辅币，共7种面额，全套合计18.80元。但其版别却有9种——其中1角券有3种版别，包括了流通使用时间不长、存世稀少并被人们称为第三套纸币中的"币王"的枣红色1角券和墨绿色1角券这两种纸币珍品。

为什么枣红色、墨绿色1角券会成为第三套人民币中的"币王"呢？张老先生说，枣红色纸钞的技术含量相当高，发行量又少，还是我国第一次干纸印刷双面凹，油墨颜料也是工人们自己研制的永不褪色的色粉。后来因为枣红色的成本太高，为减少成本改成背面绿、单面凹。因此枣红色、墨绿色1角券富有技术含量和历史意义，流通使用时间不长且存世稀少，自然而然地成为了稀有珍品。

从收藏角度来看,前三套人民币已相继退出流通领域,其中第一套人民币由于年代久远,存世量少,不易收藏;第二套人民币由于开发较早,很多收藏家早已开始有意识地收藏,一般收藏者也较难找到好的藏品。所以,收藏第三套人民币可以说是初涉人民币收藏者较好的选择,被业内人士看作是最有前景和潜力的一套人民币。

第四套人民币是1987年4月27日开始陆续发行的,2018年5月1日起停止第四套人民币100元、50元、10元、5元、2元、1元、2角纸币和1角硬币在市场上流通。

第四套人民币发行后,与第三套人民币及之后的第五套人民币混合流通,由于其发行流通之际也正是人们收藏意识提高之时。四套人民币全部券别中,升值最快的可算是1980版50元券,该券存世量很少。早在20世纪90年代中期,第四套人民币1990版50元券发行后不久,该券就逐步被银行回收。在以后很长的日子里,该券一直呈慢牛上涨走势,现该券最新市场价已达到3 000元一张。还有1980版100元券,存世量也较少,目前最新市场价约1 500元一张。另外一些小面额券种,如1980版1元和2元券,现存世量不多,也值得人们关注。

第二节　人民币纸币的品相和保存

品相是钱币的生命。对于纸币收藏爱好者来说,投资钱币除了选对品种之外,更需要选对品相,在收藏过程中养成宁缺毋滥的习惯。常见有些老藏家在购买钱币时对品相百般挑剔,若品相稍有瑕疵,他们就会拒之不买。这种做法是非常正确的,在钱币收藏和投资上,对品相问题绝不能有丝毫含糊。

如何鉴别纸币是否水洗

第一,用放大镜观看纸币的底纹路是否清晰是否有凹凸和层次感,一般原票纸币都是有凹凸和层次感的,洗过的纸币没有凹凸和层次感,这一招鉴别假币也是可行的。第二,戴上白手套把纸币凑到鼻子边闻一下,洗过的纸币或多或少会有药水的味道,票面干净颜色泛白,手感绵软,纸质酥松。第三,用手轻轻触摸一下纸币的号码,感觉一下是否有凹凸感,洗过的纸币一般都是平滑的。第四，如果纸币是全新的纸币，可以用手上下甩动纸币。原票纸币声音清脆，洗过的纸币由于水浸泡过不会发出清脆的声音。

怎样界定纸币的品相

全新品。俗称挺版，此种纸币没有参加过流通，而且保存完好，无任何折痕、皱纹和褪色，保持原印钞厂油墨光泽，纸身清洁，硬挺，四角尖锐。此种纸币价格定为100%。

极美品。此种纸币参加过短暂流通，最多只有三道轻微的折痕或有一道较明显折痕，纸面干净，颜色明亮，四角可能有钝。此种纸币价格仅为"全新品"60%左右。现在市场上有一些不法分子，为了使此种纸币卖个好价，将此种纸币用熨斗熨过，四边用裁纸刀略裁去一点，使币边挺直，四角尖锐，看上去好似"全新品"而售价却比全新币略便宜。市场上第二套3元券就有此种情况。所以购买纸币最好用尺量一下纸币的尺寸是否符合要求，以免上当受骗。

上品。此种纸币因参加流通时间较长，所以可能有多道折痕及污迹，币边也不齐，但无裂痕，纸身也较硬。此种纸币价格约为"全新品"的35%。

中品。此种纸币因经过长期流通，币面有多道折痕及皱纹，币面轻微破裂，但中央无洞，币面色彩暗和褪色，并有脏污，币身软弱无力，但整体来讲，此种币看上去不十分难看。此种纸币的价格约为"全新品"的20%。

下品。纸币经过长时间流通，币面有无数折痕及皱纹，币边有口，四角圆钝，中央有洞，币面污迹并褪色，看上去破旧肮脏，但整张纸币保持完整。此种纸币的价格约为"全新品"的12%。

如何保存纸币

收藏人民币的管理要比邮票好一些，邮票比较娇气，容易发霉、发黄、虫蛀、长斑点等。如纸币无背胶，用高级纸印制，工艺也很高，但如果不注意保管，也会出现损坏纸币等问题。

第一步，灭菌处理。纸币在流通过程中，千万双手接触，会染上细菌、汗渍、水、灰尘等。应将收藏来的纸币先进行灭菌和清理。最简便有效的灭菌方法是紫外线消毒法，紫外线灯有15瓦、20瓦、30瓦三种。消毒纸币一般用30瓦功率的紫外线灯，照射时温度以15~30℃为宜，在20~40厘米距离内照射

30~40分钟可杀菌，效果良好，在没有紫外线条件的地方，也可将纸币经日晒2~3小时，也可达到灭菌、排除水分的目的。

第二步，进行塑封。将消毒后的纸币用镊子装入制式塑料护币袋，然后将塑料护币袋密封起来。其方法也很简单，只要一把普通的小功率电烙铁和一把直尺子。电烙铁是要进行一下简单的改造，将烙铁头用锉刀锉出一小刀口状就行，使用时，待铁烧热后，用直尺压住密封口，用烙线一刀划过去，将多余部分划掉，划过的同时，袋口也就自然在高温中密封好了。为了长期保存，也可将纸币装入塑料护币袋，像塑料照片一样，进行塑封，今后需要取出时，用剪刀在护边上剪开，再用镊子将币取出。密封后的纸币可以保护品相，不被汗渍、灰尘等污染。

第三步，装入钱币册。第三套人民币册种类较多，应尽量选择质量好、钱币种类多、设计精美的币册。币册买来后，将塑封的纸币对号入座，放入对应的位置，这样既节约，又实惠；既便于管理，又便于欣赏研究；既保护了品相，又能存放多年，一举多得。

第四步，放入箱柜内。存放一般用杉木箱、铁盒、保险柜等一些密封得较好的容器内。为使藏品不变质，不要用像本箱存放。在箱内摆放的币册要有空隙，摆放时应注意方式，不宜叠放，以防压坏钱币。

第五步，放入干燥剂。钱币放入箱柜后，要注意防虫、防潮、防霉。防虫主要是防无翅昆虫在钱币上打洞，常用的药物有卫生球和樟脑丸；防潮主要是保持存放钱币册箱柜的密封性；防霉主要用干燥剂和调整室内的湿度。

此外，采取保养措施。根据季节变化，每2~3个月进行一次通风和晾晒，这可保品相光辉常在。

第三节　人民币纸币评级

钱币收藏最常碰到的两个问题：真假和品相。钱币评级很好地解决了这两个问题，只要入盒，评级机构就保真，给出的分数解决了品相的争议。钱币评级入盒方便了大家收藏和保管，更大的作用是促进了纸币藏品的流通。

评级币是指经过专业鉴定公司鉴定真伪，并对品相等级给出客观分数后，使用防伪硬盒封装的钱币。

评级币的优势

首先，它能保真。裸币经常买到假币已是很多新手无法言喻的伤痛，直接买评级币便是最安全放心的选择。万一盒子里是假币，评级公司还负责赔偿，所以你只需要在购买之前先到评级公司官网去查询下这枚币的盒子是不是真的便可以放心大胆购买了。

其次，准确掌握手里钱币的市场价值。嘉德、赵涌在线、诚轩等几家大型的拍卖公司每年都有几场钱币专场拍卖会，你只需要到其官网去找相应的品种、币盒和分数就能准确知道手里收藏的评级币的准确价值。

再次，少花冤枉钱。同样品种的裸币因品相不同，价格有高有低，买评级币就不同了，全国的纸币行情非常透明，每一个品种每一个品相等级分数都有相对固定的市场价格，即便是广州和北京差异也不会很大，你只需要搞清楚行情再购买，便不会花冤枉钱了。

第四，保护钱币。纸币裸币容易产生折痕、发霉，评级后会装入透明塑料中密封，保护钱币不易受损。

第五，套现快。有些投资收藏的朋友遇急事想要把收藏的钱币快速变现，如果是裸币，买卖双方主要会在品相导致的价格问题上产生分歧，评级币的行情在全国都是公开透明的，买卖双方交易起来都放心，使交易更加快捷。

第六，增值快。评级币就像股票一样，同样会被人拿来炒作，2010年的时候，一张无4、7的67EPQ的二版"红1元"不到一万元，2021年已经飙升到五万元以上，裸币是无法比拟的。

在目前纸币市场日益细分的情况下，纸币评级在提供真品保证的同时，给予纸币关于品相的评分，使钱币在交易中减少纠纷。

评级公司通常在业界拥有良好的声誉以及专业的水准。鉴定师会对每张送评的纸币进行真伪、品相以及是否被篡改过的评估。大部分评级公司通常有至少两人对每张纸币进行评级鉴定以减少误差。

纸币被评级后，会被装入透明塑料中密封，并标注所在国家、面值、目录号、序列号、评分、评级串号等要素。

塑封大多采用惰性材料制成且不含氯、苯等有害物质，使纸币在其中长久保持评级时的品相。当然不同评级公司的研发投入不一，其保护效果，防伪也有所差异。

塑封一旦被打开便无法再次合上，保证其中的纸币不会被调包。

目前大多数钱币鉴定评级公司均采用谢尔登 1~70 分评级标准，70 分为最高分，代表纸币经 5 倍放大镜观察，未见触摸痕迹，以及裸眼所见切边和校准都居中。这在纸币评级中是十分罕见的，通常全新未流通的纸币评分在 65~68 分不等。

评级币最大的优势就是降低了钱币收藏的门槛，使得很多对钱币收藏感兴趣的人都能轻松入门，不断壮大了钱币收藏的队伍。现今中国的一二三四版人民币一些珍稀品种、品相好的大部分都已"装壳"，这也是在市场环境下经过实践和收藏者的选择，最终形成的趋势。